法哲学学术译丛

全球化·政治哲学·马克思主义

Globalization, Political Philosophy and Marxism

李义天◎编

人民出版社

目 录

前言 我们时代的思想片断

李义天

一

每一位勤于思考的研究者以及每一位有所思考的普通人,都会对自己所处的时代以及自己在这个时代中所处的位置表现出浓厚的兴趣。他们,或者说我们,总希望可以准确地理解这个时代,把握它的特征、内涵与走向。这项工作对研究者来说是"使命",而对普通人来说则近乎"本能"。

之所以说"使命",是因为无论从知识生产的规范性来讲,还是从知识本身的内在诉求来讲,研究者都必须在一个相对宏观的层面上对时代的状况和趋势予以判断。这种判断往往表现为具有提炼性、概括性的命题。尽管由于学科体系的划分,研究者常常只能在各自的专业领域内从一个侧面切入,尽管由于学术规范的严谨,研究者不能停留于提纲挈领的语录而必须提供详尽的论证,但是,无论从哪个侧面切入,也无论展开怎样的论证,研究者尤其是人文社科领域的研究者却必须始终抱有一种关于时代的"顶层设计"与整体关怀,必须从他们的研究和论证中得出一种有关时代之基本面的综合性判断。唯有如此,研究者的学术实践才不会失之于琐碎的技术分析,他们孜孜以求的"细节"才不会沦落为意义浅薄的"末节",而他们所阅读和钻研的海量文献,也才不会变成使之沉迷或得意但实际上却与时代状况相隔绝的东西。

受到现实的激发,直面时代的困惑,进而作出严谨的回答,这样的学术研究无疑令人尊重。即便是历史研究中那些看上去与当下时代鲜有关联的部分,也只会因为它们恰当地展现了另一个时代的真实风貌或精神格局而令人向往。进一步地,假如它们所展示的那个时代还能给我们的这个时代带来什么启示或启发的话,那么,它们就不仅是在复原那个时代,而且是在建构我们的时代,因而只会更加令人肃然起敬。在我们的这个时代,去探究和发现与这个时代或直接或间接相关的知识,这对研究者来说即便不是唯一重要的,也是至关重要的。

至于说普通民众,他们可能缺乏专门的学术训练与分析工具能够帮助他们作出像研究者一样专业的判断,但是,他们希望能够对自己的时代以及自身的位置有所把握的热情却不亚于任何人。面对一个时代,他们不会提出那么有学理性的问题,但他们却会生发出极具个性情怀的感慨;他们无法给出那么概括、深刻、融贯的回答——甚至可能恰恰相反,只是一些粗糙、表层或矛盾的回答——但他们的判断却往往会因为基于直觉或直观而呈现出更为鲜活的内容与形式。

他们之所以关心"时代"这样的"大问题",一个主要原因在于,时代对他们来说构成了生活的背景与框架,对时代的洞察将在很大程度上影响到他们个人的生活计划。几乎所有人相信,要过上一种惬意与体面的美好生活,就必须在某种程度上理解这个时代;只有把握了时代的特征与趋势,并将自己的生活计划按时代的主流来设计,使之合乎时代的历史要求和道德要求,他们才能实现这一点。如果面对时代的背景缺乏理解与反思,面对社会的发展缺少观察与思考,那么,个人的生活计划将遭遇更大的碰壁风险。

这是否意味着,对于宏大的时代,微小的个人只能报以顺应乃至屈服的姿态呢? 当然不是。然而,重要的问题在于,即便是那些对自身时代及其主流予以批判的人,也并没有否认时代整体与个人生活之间的上述关系。毋宁说,他们通过政治批判或道德批判所表达的,乃是对于当前时代与一种被认为更加合理的生活计划之间紧张关系的不满。在他们看来,现有的时代及其主流精神已经腐化堕落,失败到了一个令人绝望的程度;而他们所希望的,则不过是改造乃至重构一个新的时代,用新的替代方案来容纳他们所向往的生活计划。这样,不仅个体的生活计划将会因为顺应了新的时代而被证明为正当的,而且,新的时代本身也会因为尊重了他们的生活计划而被证明为合理的。所以,无论在何种意义上,个体都不仅要考虑自己的"小日子",也得关注身边的"大时代"。

对时代给予关注似乎是容易的,但是,对时代作出判断却是不容易的。根本原因在于,我们始终身处时代之中。我们与我们的时代之间不仅存在一种生存论上的循环,也存在一种解释学上的循环;我们无法也不可能跳到我们的时代之外进行纯粹客观的打量。同样地,对于人类历史上的其他时代,不管是把人类的过去断定为"黄金时代"或"黑暗时代",还是把人类的未来命名为"大同时代"或"末日时代",这些都只是人类从我们的时代出发而进行的观察甚至设想。因此,在最苛刻的意义上,我们并不能对我们的时代在整个历史中的位置给出精准的界定,也不能对我们的时代与其他的时代之间孰优孰劣给出无需修正的断言。面对狄更斯的那句"这是最好的时代,这是最坏的时代;这是智慧的时代,这是愚蠢的时代"的名言,千万不要以为这是一种客观的判断。我们之所以会对此津津乐道,而且常常加以援引,用来描述我们的时代境遇,更多地是因为与其他的时代相比,我们只有对我们的时代才有着更强烈、更丰富的切身感受。我们可以追溯前人的喜与悲,可以设想后人的苦与乐,但是,它们远远不及当这些东西真实地发生在我们的时代、发生在我们的身上时所带来的那种触动、冲击与震撼。当然,从纯技术的角度,我们的知识足以告诉我们,在哪些方面我们处于最好的时代,而在哪些方面我们又处于最坏的时代。可是,对我们的生存而言,根本的问题却不在此,而在于,无论我们的时代是最好的还是最坏的,最智慧的还是最愚蠢的,我们所拥有的都只是这个唯一的属于我们的时代。我们在这里生活,在这里交往,在这里发问和思考。一切都要从这里出发。

二

不管怎样定义我们的时代,毫无疑问,有一种相对宽泛但意义丰富的称呼是可以被接受的——"现代"。与公元 4 世纪的拉丁作家创造"modernus"一词时用以专指"当前"的基督教时代从而区别于"过去"的古罗马时代不同,我们所使用的"现代"不仅特指 17—18 世纪科学革命与启蒙运动以来的"当前"文明阶段,更重要的是,它强烈地意味着与任何"过去"的转折甚至断裂。换言之,我们这个时代从一开始就是以自身不同于以往的独树一帜,而不是以自身承续着过去的源远流长来实现自我证明的;它所追求的恰恰是"不太一样"甚或"绝不一样",而不是"基本一样",更不是"完全一样"。

现代社会自觉地将自己塑造为一个与以往不同的时代。而它用以塑造自身的一个方案就是,承认并鼓励自身内部的多样性呈现。无论是研究者还是普通民众,人们普遍注意并且相信,生活方式与思想观念的多样性,尤其是这些因素在伦理层面的多样性,在我们这个时代即便不是最本质的、也是最突出的一个特征。研究者意识到,"我们生活在一个较大而且异质性的共同体之中,在道德观念和'良善生活'的观念方面,存在深刻的多元性和差异性。……对于道德、价值、善以及生活的意义等诸如此类的问题,我们谈论得越多,我们就越可能发生分歧,哪怕我们都是理性的人。用拉莫尔的术语来说,就是所谓'合理的分歧'

（reasonable disagreement）。在现代社会中,似乎存在着多种不同的,但同样正当、同样合理的善的观念,这构成了现代性的特征性条件。"①虽然这种描述常常作为某种特定的政治哲学或道德哲学立场的事实预设,但这绝不意味着其他的立场就会否定该事实。毋宁说,关于生活方式与思想观念之多样性的事实,乃是所有现代政治哲学与道德哲学都必须也必然承认的经验前提;只不过,相对于诸如社群主义或社会主义等立场,自由主义的多样性诉求似乎显得更为敏感、持久和融贯,它没有在其理论环节中设置任何有可能消解或取代多样性的东西。

然而,多样性仅仅是现代社会的事实吗? 从人类文明的历程来看,各文明族群一开始本来就是在不同区域内分散地发展起来的,我们自始至终也从未听说过有哪一种生活方式、哪一种思想观念真的在全世界实现了"一统天下"格局,即便在同一个文明族群内部,与主流不尽相同甚至尖锐对立的生活方式与思想观念也从未彻底消失。那么,我们难道不应该说,多样性一直是人类社会的基本事实吗? 它又何以堪称我们这个时代的特征呢? 对此,我们的回答是:多样性诚然是人类社会的基本事实,但只有到了我们这个时代,多样性的表征方式、呈现通道及其聚集平台才得以最大限度地展开。全球化与公共领域的兴起,正是其中最主要的两种方式。

所谓全球化,在最基本的意义上,是指人员交通、信息交流、物资交换的全球通行。但是,仅有这些尚不足以断言全球化的到来。因为,我们不可能把中国汉唐时代的丝绸之路、15—16 世纪的欧洲大航海探险等零星的跨国活动当做"全球化"成熟的标志。甚至,即便是 19 世纪帝国主义的殖民扩张、世界市场与贸易体系的初步建立、电话电报等传播工具的发明应用等事件,也不足以称人类进入了"全球化"时代。因为,真正的"全球化"不仅要求人员、物资和信息的互动,而且要求一种高频率、高效率和高密度的互动。形象地说,一种真正的"全球化"要求的是人员"说走就走",物资"择日可至",信息"转瞬即达"。只有当人员、物资和信息的全球互动呈现出这样的随时性和即时性,我们的生活才会身处一地而又同时面向所有地方展开:我们进行任何重要的思考,都必须考虑到来自全球范围的数量庞大的信息背景;我们进行任何重大的决策,都必须顾及到它们在极短时间内所会导致的世界影响。我们虽然身处一地,但在全球化的浪潮中却时刻面对各种信息和资源的输入。这些因素迅速地、大量地被带到我们面前,影响甚至改变了我们在没有这些因素的条件下所可能作出的思考和决定。同样

---

① 刘擎:《纷争的年代》,广西师范大学出版社 2013 年版,第 171 页。

地,我们的思考和决定也经由这股浪潮而随时在瞬间便被输出到一个更广泛的空间。

的确,在全球化到来之前,世界各地本就存在着多种多样的生活方式与思想观念,但是,全球化的意义在于,它实实在在地将这些多样性带到我们面前,将"所有地方"呈现在"每个地方",让每个地方都不得不在思维中稳定地持有一幅关于多元选项与多元可能的画面。这样,我们不仅从整个世界的角度能够得出"多样性"的结论,而且从局部世界的角度也能够得出"多样性"的结论。其实,全球化并没有拉近人们彼此之间的空间距离,但是,交通运输工具和信息传递技术的发展却使得这种距离能够随时被"消灭",而不再作为一个问题出现了。我们的时代正是这样一个可以将"时空"忽略不计的时代。它使得我们每个人都不得不时刻与来自世界层面的多样性共生共存。

为了多样性的持续存在,尤其是思想观念多样性的持续存在,我们不仅需要"全球化"这一有关多样性的生产机制,而且需要"公共领域"这一有关多样性的容纳机制。没有后者,前者所生产的多样性就无法落地生根。

所谓公共领域,在宽泛的意义上,是指人们在满足了基本生存需要、超出了私人性的家庭生活之后所接触和参与的公共空间;而较严格地说,它则是人们就政治与道德等方面的重要公共议题与公共事务进行交流、辩论和决定的公共空间。因此,公共领域的兴起本身就是多样性尤其是思想观念的多样性促成的;公共领域的内在诉求就是形成"自由的舆论能够产生的土壤"①,以便容纳与融合多样性,为它们提供聚集和表现的平台;公共领域的稳定与否,将表征并影响着社会的多样性状况。

从世界历史来看,在现代社会公共领域的形成发展过程中,其阻力既有来自社会上层权威(无论是政治的还是宗教的),也有来自私人领域的懈怠。一方面,缺乏公共辩论的前现代国家自然谈不上有健康的公共领域的存在;而另一方面,觉得自己对公共议题和公共事务有心无力或是觉得自己微不足道的个体,也会因为冷漠或胆怯而不愿意参与到公共空间的建构中来。前者必然无助于思想观念的多样性,而后者即便有所公开表达,也充满虚假、毫无个性。

公共领域的兴起需要对上层权力进行约束,而公共领域的兴起本身又构成了约束上层权力的一个重要条件。这恰恰是现代社会的一条发展主线。无论是英法的资产阶级革命还是美国的独立战争,无论是俄国的十月革命还是中国的

---

① 【德】哈贝马斯:《关于公共领域问题的答问》,梁光严译,载《社会学研究》1999 年第 3 期。

民主主义革命,尽管面临的具体挑战与任务各不相同,但是,在改造以至于推翻一种不受约束的上层权力,从而建立起一种与之前相比更为自由解放的公共空间,允许更多的社会成员支配财富、表达意见和参与公共生活的意义上,它们却有着相通之处。就此而言,现代社会的建立,就是要让现实中"本来"存在的多样性变成"理应"存在的东西,而公共领域的使命就在于实现并满足上述诉求。毋宁说,一个社会,从其权威精英到普通民众,是否具备了"公共领域"的意识观念,是否设置了"公共领域"的保障与促进机制,是否承认并且释放出蕴藏在社会成员之中的多样性,将成为该社会是否堪称"现代社会"的一个主要尺度。

我们可以说,虽然人类社会一直存在生活方式的多样性,但只有当我们的时代真正步入了的全球化进程,这种多样性才得到承认;同样地,虽然人类社会一直存在思想观念的多样性,但只有当我们的时代真正形成了公共领域,思想观念的多样性才得到尊重和鼓励。

三

全球化的深入与公共领域的兴起不仅呼唤着思考公共问题的思想观念,而且鼓励和刺激着此类思想观念的发展。这正是政治哲学以及道德哲学中有关公共事务的讨论在当前凸显的基本原因。不仅在一个国家内部,公共生活已成为我们全部生活的重要甚至主要维度,而且在不同国家之间,全球化的巨大影响也使得我们一方面要把以往单纯针对国内事务的考察放在一个更大的背景下,另一方面还要专门针对全球层面的问题本身展开讨论。在这样的讨论过程中,我们必定会大量接触到当前西方学界的资源。

然而,同样是在这样的讨论过程中,马克思主义的立场和态度是不可或缺的。这不仅因为马克思主义在现代学界尤其是汉语学界的特殊地位,而且因为,作为一种政治立场和思想立场,马克思主义代表着左翼思想阵营对当前全球化与公共领域之展开方式和运行方式的有力批判。更重要地,马克思主义本身就是人类步入全球化时代之际,在公共领域中涌现出来的一种至今仍在诸多方面具备强大解释力与吸引力的现代意识形态。它也许在当前西方学界并未占据主流,但对于中国乃至对于世界的未来却有着非凡的意义。

我们常常听到的一个说法是:马克思主义主张阶级分析法,认为在讨论任何人类社会问题时,都不能抽象地讨论"所有人"如何,更不能抽象地讨论"人"如何。因为,社会是由不同的阶级或集团构成的,现实利益的实际差异性导致不可能存在一个共同的"所有人"或者抽象的"人"，而只可能存在"这群人"或"那群人"。所以，马克思主义理论的优长在于辨析"对这群人而言如何"、"对那群人而言又如何"，但却不能对全球化时代中那些涉及"所有人"的普遍问题提供分析与回应。

可是，一个从德国古典哲学传统中脱胎而来的思想者会彻底地放弃这种自希腊时代开始、而在德国古典哲学那里达到顶峰的普遍主义的知识诉求，放弃针对在他那个时代已经初露端倪的全球化进程的分析判断，这是令人难以想象的，甚至是不可思议的。毕竟，马克思所生活的年代，正是资本主义肆无忌惮地向全球扩张的时期。其间，资本主义在全世界范围内的自我繁殖和复制使人仿佛不得不承认，一种全球主义的世界图像（及其相应的思想图像）完全可以实现。更何况，马克思自己也说，人类的未来必然要实现这样一个无国别的整体性的人类社会，"在那里，每个人的自由而全面的发展是所有人自由而全面的发展的条件"。所以，指认马克思仅仅拘泥于特殊主义的知识立场，这似乎过于简单。

那么，这是否意味着马克思自相矛盾？他一方面摒弃资产阶级在全球化时代提出的全称命题，另一方面又确立自己的全称命题；他一方面批判资产阶级所说的"所有人/全人类"是抽象的，另一方面又依然落脚于"所有人/全人类"的社会理想之上。

这里的关键也许在于引入"时间"的维度。作为一位现代的思想者，作为一个仍然坚信真理存在并且真理应当以一种为每个人所共享的方式存在的思想者，马克思不可能不把自己的学说表述为某种全称命题。但是，这种全称命题所指代的内容，却不是在当下（资本主义占主导的现代社会）实现，而是在未来（共产主义社会）实现。马克思不仅相信，这一事关"所有人"福祉的美好生活模式必将实现，而且他的关于科学社会主义的全部论证，就在于为这一美好生活模式的发展和实现探寻科学的路径与方法。

马克思认为，只有在消灭了阶级和阶级差异的共产主义社会，才会真正地不再存在人与人的隔阂。但是，这种"无阶级"的无差别状况，是绝不会在资本主义社会的历史阶段出现的——因为资本主义自身就建立在剥削与被剥削的基础上，它至少需要两个利益集团或阶级才能自我构成。因此，当资本主义的辩护者或阐释者在那里大谈"每个人/所有人"时，马克思只是想拆穿他们的虚伪性。因为他们虚伪地欺骗大众说"我们是一家人"，但马克思说"不是，至少目前不是"。在这个意义上，那些被马克思批判的学说的关键错误并不在于它们是普遍主义的，而在于它们把属于未来的普遍状况偷梁换柱地搬到仍然充斥着隔阂与对立的现代现实中来。因而,那些遭到马克思批判的人们的错误,不在于他们搞错了事实,而在于他们隐瞒了事实。

马克思并不是不想实现一种普遍的美好生活图像,也不是不想表达一种共同的思想命题。但为了做到这一点,他更看重的是,要通过经济的变革和政治的革命,现实地而非思辨地消灭阶级的关系,取消阶级的对立,从而达到一种基于共同经济基础的社会关联。在这种被称作共产主义的社会关联中,人与人之间是利益无差别、无冲突的,因而可以名副其实地陈述关于"所有人/每个人"的全称命题。在这个意义上,马克思主义既根基于现代性的问题和观念土壤,更超越于现代性自身所可能提供的所有方案。马克思主义既在现代性之中,又在现代性之外;它通过不断地保持和运用自身面向现代性的批判力量,为人类的未来指明着方向。

四

基于上述考虑,当我们试图以对话与访谈的形式来编撰一部大致反映时代状况及其思考的文集时,"多元的全球化时代"、"公共生活与政治哲学"以及"马克思主义的反思"便构成了一个基本的框架。在这个框架下,自2008年以来,我们邀请了志同道合的学界朋友,分别从哲学、政治学、社会学等学科出发,就我们这个时代的若干重大前沿与热点话题,同目前相关领域中最为活跃的一批国内外知名学者进行了对话交流。为了最大限度地保证真实性、丰富性和现场感,所有的对话均是经过长期的酝酿设计、利用多种机会与场合"面对面"进行的。其中,有些是国外学者来华访问期间同国内学人交流的记录,有些则是国内学者在国外访学期间与他们专门约定时间进行讨论的结果。最重要的是,对话双方或各方基本上保持了一种对等式的"交流",而不是媒体式的"采访"。尽管对话仍以知名学者的表述为主,但是我们的这些年轻朋友们的看法也同样坦率和敏锐。

关于时代的话题总是宏大的,而学者们涉及时代的思考也往往以长篇大论示人。因此,以对话体呈现出来的思考,也许尚不能说是"时代的思想",但仍称得上是"时代的思想片断"——只要这些片断确实反映了我们的这个时代。幸运的是,我们所选择的这些对话嘉宾,除了在同我们的交流中提供了"思想的片断",他们数十年的学术生涯也早已将他们关于时代的系统思考付之于多部重量级的作品了。从编者的角度来讲,我们希望这些"思想的片断"只是一个契机或诱因,能给读者带来一定的线索,使之进一步阅读那些体现了他们更深入思考的文本,进一步思考我们这个时代本身。

文集中的篇章大多曾刊登在国内重要学术期刊上,受到学界前辈和同仁的认可,引起广泛的影响;而在收录到本文集之前,又再次经过各位作者的修订。虽然在这几年的时间里,部分作者的工作单位或身份乃至具体观点发生了变化,但为了保持当时访谈的原有情境,呈现甚至检验当时访谈内容的思想穿透性,我们对此未作改变。在此,要感谢所有参与创作这些对话的朋友们,我们之间的反复沟通、修改与交流无疑是一段段弥足珍贵的记忆;感谢人民出版社的洪琼编审为本书的最终出版进而能与更多的读者见面所付出的辛勤努力! 每一个人都是不可替代的,尤其是在我们的时代!

I. 多元的全球化时代

民主、全球化与历史的未来[*]

【美】弗朗西斯·福山　李义天　薛晓源　陈家刚

2010 年 12 月 15 日，弗朗西斯·福山教授访问中央编译局并做客"中央编译局论坛"，详细阐释了他对西方金融危机和资本主义最新发展的理解。论坛结束后，李义天博士、薛晓源博士、陈家刚博士就"民主、全球化与历史的未来"这一主题与福山教授进行了深入对话。福山阐述了他对西方自由民主政治制度的理解，探讨了该制度背景下个体与社会之间复杂的张力关系，并对他所提出的"历史终结论"和历史变迁的社会心理机制等观点所遭遇的批评进行了回应。

一、社群文化与政治信任

李义天：福山教授，您好！欢迎您到访中央编译局与我们交流。我们知道，你接受过许多类似的访谈，人们向你询问的往往是些"大问题"。但是，我们希望，让我们的交流从一些"小问题"开始吧。首先，作为一名在美国出生成长的日本后裔，您为什么会选择成为人文学者？在这方面，你的家庭带给你哪些影响？

福山：我的家族中有很多学者。我的外祖父其实就是一位杰出的日本经济学家，在第一次世界大战以前曾留学德国，他帮助建立京都大学的经济学系，并且担任过大阪市立大学的校长，一生出版过五十多本著作。刚才参观你们的马

---

[*]　弗朗西斯·福山(Francis Fukuyama)，时任美国斯坦福大学弗里曼·伯格里国际问题研究所高级研究员。李义天，时任中央编译局中国现实问题研究中心副研究员；薛晓源，时任中央编译局中国现实问题研究中心研究员；陈家刚，时任中央编译局比较政治与经济研究中心研究员。

克思主义文献图书馆,让人兴致盎然。因为我的外祖父曾希望建立一个德国社会学家维尔纳·桑巴特(Werner Sombart)的图书馆,而且还把他的书带回日本。我从他那里继承得到马克思《资本论》的德文第1版。我的父亲也是一名学者,社会学家,他在宾夕法尼亚大学工作。因此,自然而然地,我也选择了学术的道路,成为了一名学者。

李义天:那么,在你的学术生涯中,哪些人对你的思想发展具有至关重要的影响?如果可以,请举出一位历史上的思想家和一位同时代的思想家。

福山:事实上,有三位学者对我的影响最大。但不幸的是,他们都已经去世了。我最早的老师是阿伦·布鲁姆(Allan Bloom),他是我在康奈尔大学的老师。从他那里,我激发起对于西方哲学的兴趣并且学习希腊语,因此我可以阅读柏拉图和亚里士多德的著作,这把我引入许多重要的哲学问题。第二位重要的人物是社会学家塞缪尔·亨廷顿(Samuel Huntington)。他是我研究生阶段的老师。作为一名社会学家,我认为他提出了许多重大的问题直到今天还在热烈地讨论。在许多关于国际关系课程的导论中,我的"历史终结论"就被拿来跟他的文明冲突理论进行比较。第三位是西蒙·李普塞特(Seymour Lipset),一位伟大的社会学家和政治科学家。在我刚刚获得教职的时候,他是我的同事。从他那里,我获得了许多关于美国政治的重要观点和比较政治学的方法。

李义天:如果我没记错的话,阿伦·布鲁姆曾经写作一本很有影响的书,《美国心灵的封闭》。在这本书里,他对于美国的社会问题和未来表示出自己的忧虑。而且,你也曾指出,如何维系个人和社群之间的平衡,仍然是当前美国社会的最大挑战。在这方面,你如何理解美国社会的变化和稳定性?

福山:我认为美国社会在一定程度上,在20世纪90年代末以前都是不稳定的。20世纪70、80年代,美国存在许多社会混乱、社会错置现象,这表现为家庭的破裂、高犯罪率和人们之间社会信任的普遍缺乏。而到了90年代,当这种状况发展到顶峰之后,社会开始变得越来越有秩序。我想,这是人们所作出的一种自然的调整,因为人们毕竟是社会的动物,他们的生活需要秩序。所以,这就是事实。但是我想,现在我们所面临的是另一种社会问题,即,"政治的不信任"。左翼和右翼之间目前存在大量的非常情绪化的对立,这使得他们难以在一些基本问题的解决方面达成一致。这与我在20世纪90年代所讨论的"社会不信任"是不同的。

李义天：如果一个高度信任的社群仍然必须以自由个人为前提，那么，社群主义是否应该被视为自由主义的较好版本吗？华盛顿大学的阿米泰·伊兹欧尼（Amitai Etzioni）教授，这位社群主义的提倡者曾指出，在一个好社会里，"人们相互之间强有力的纽带必须与同样有力的自主性保护措施达成平衡"。而一个好社会，也就是他所说的一个真正的共同体，不仅需要自由，而且需要秩序。因此，它必须在社会的向心力和社会的离心力这对基本力量之间保持平衡：前者带来社群的服务、动员和团结，而后者则导致更多的差异以及个性。在这个意义上，你的自由民主理想可以被理解为社群主义的模式吗？

福山：我想，如果你要获得成功的自由民主，你就必须要有一种强有力的社群的文化感。我们需要它来使得人们在一个社会里保持协调一致。在美国，从历史上看，大量的这种社群感源于宗教。你知道，同其他的发达国家相比，美国人非常具有宗教意识。虽然很难讲每个人都信仰同样的宗教，但是每个人都相信宗教是其生活的核心部分之一。

李义天：在《信任》一书中，你就特别强调人们共享伦理信念和道德规则，拥有共同的事业和目标，彼此之间相互信任的社群文化及其生存状况。然而，你同时也注意到，这种值得称赞的团结状况和共同体意识，正在被自由主义及其权利话语所削弱。在这一点上，你明确表示对美国未来的担心。这是否意味着，你对自由主义的某些基本原则不满？很多政治哲学家都发现，其实"自由"与"民主"之间本身就存在着一些内在矛盾。你如何看待这种内在矛盾？它是否会瓦解你的自由民主理想？

福山：当然，我认为这是自由民主在今天所面临的一个主要问题。自由民主虽然反映特定的文化价值，但它也鼓励文化多元主义。而在一个自由社会中，你会这样那样地面对一些破坏自由社会根基的观念。尤其是当你接触到那些生活在欧洲自由社会的激进的穆斯林时，你更能体会到这一点。他们不愿意他们的孩子拥有选择自由，其中包括婚姻自由，他们也不愿意接受这方面的批评。在一个自由社会中你是否必须容忍那些本身反对自由的个人，这是一个巨大的内部辩论话题。我想，在你刚才提到的那本阿伦·布鲁姆的著作中，他所关心的就是相对主义的问题。相对主义意味着，人们认为不存在任何深层信仰或特定价值体系的真正基础，因此任何人都可以选择他们想要的任何东西。这是美国社会的一个大问题，它到目前为止还没有被解决。

二、民主政治与历史终结

李义天:还是让我们回过头来,谈谈你关于民主的看法。必须承认,民主的定义有很多种,对民主下定义的方式也有很多种。我们暂且不考虑构成民主制度的全部条件,先只看看,究竟哪些因素是民主最基本的必要条件;如果缺少这些基本条件,一种政治制度就不能称为"民主"。你认为这个清单里应当包括什么?

福山:我想,首先必须明确的是,我们讨论的不是一般的民主,而是自由民主。在自由民主中,你必须拥有两套机制。一套机制是法治。法治能够保证个人的权利免受国家的侵害。即使有多数人想要迫害少数人,也会由于法治的存在而不能得逞。另一套机制就是民主。这套机制使得政府能够对大众负责;在大多数民主体制中,它表现为某种形式的竞争性选举。所以,你可以有自由的非民主制(liberal non-democracy),比如新加坡;你也可以有非自由的民主制(non-liberal democracy),比如伊朗,它有选举,但缺乏对个人权利的尊重。所以,要想拥有一个真正的自由民主,你就真的必须同时存在这两套机制。

李义天:民主虽然不一定选出最优秀的政治领袖(希特勒的上台),作出最完善的政治决策(苏格拉底之死),产生最有效率的政治活动(当前希腊社会的基础建设),但是,民主却有强大的监督力量和纠错能力(波普:民主是一种能够和平交替政权的政治制度)。西方社会的人们常常认为,在民主条件下,即使选出来的是笨蛋甚至坏蛋,也能再把他选下去;即使作出糟糕的决策,也能听到人们发表反对意见并有所纠正;即使民主政治缺乏效率,也能避免匆忙、武断和任意性。"民主是最好的政治制度"和"民主是最不坏的政治制度",这两种说法你倾向于哪种?

福山:我可能会偏向后一种说法。你知道,在威权体制下,出现最好或最坏的政府的可能性要大得多。如果你拥有一个像新加坡的李光耀这样真正优秀的领导人——你知道,他正确决策,为政清廉,并且对于国家的未来发展有一个长期的规划和展望——那么威权体制会比民主体制更有效率。但是,另一方面,由于威权体制缺乏权力的制衡,因此,如果领导人很糟糕,那么威权体制就会比民主体制带来严重得多的后果。民主体制经常发生的情况是,你不会得到最好的结果,但你也不会得到最坏的结果。

李义天：所以，你认为自由民主是各种民主形式中最好的一种？

福山：当然，如果你是问，到底是自由民主体制好？还是不自由的民主体制好？我的回答当然是前者。

李义天：你对于自由民主的论证，是放在你的"历史终结论"（end of history）大框架中进行的。我们知道，在描述的意义上，"end"意味着事物发展的"最后的"阶段。但是，"end"的词源是希腊语"telos"，它不但表示"最后的"，而且表示"最好的"、"最完善的"。你的"历史终结论"是想说明，民主是人类最后的政治形式（不会再有别的政治形式出现）？还是想说明，民主不仅是最后的政治制度，而且是最好的政治制度？

福山：你知道，我们有一种进步观，认为人类社会是一个进化的过程，即，从狩猎采集的社会到农耕社会，直到工业社会。这对于马克思主义传统中的每个人来说都十分熟悉。于是人们就会认为，我们一直在进化，而且新的社会形态已经解决了旧的社会形态当中的问题。当前世界上最发达国家拥有的是市场经济和自由民主的政治体系。它们也许不是最好的。但现在真正的问题是，是否有更高级，更幸福的更好社会能够替代它们。如果你环顾当下的全球状况，你会发现并没有清晰的迹象表明目前存在这种体制的更好的替代品。当然，我认为，绝大多数人都不愿意生活在奴役之中，不愿意生活在类似的制度里。我认为，中国也许代表着一个最成功的替代模式。它在现代化方面十分成功。中国的模式能否提供某种竞争性，我认为，这正是当前的一个重大问题。

陈家刚：20世纪80年代西方兴起的协商民主概念意味着政治理论中的某种令人激动的发展。在某种程度上，这个概念是指合法的决策必须来自政治共同体中公民的公共协商这样一种观念。有些学者甚至认为，它激发了理性立法、参与政治和公民自治的理想。安东尼·吉登斯（Anthony Giddens）、于尔根·哈贝马斯（Jürgen Habermas）、塞拉·本哈比（Seyla Benhabib）等学者在这个领域都有相当的造诣。我们想知道，您如何评价政治领域中的这一最新的发展？

福山：协商民主力图复兴早期民主的条件，其中，公民能够以一种直接的方式参与，并与他人进行互动。而现代代议民主的问题是规模问题：为了从成千上万人们组成的社会中提炼人们的意见，代表变得非常抽象，各种观点基本上都是由组织良好的团体加以表达。很多时候，这些团体在某种问题上总是代表着少数人的利益，而不是代表整个社会的利益。所以，建构协商民主的努力，是力图将古老的社会互动和合作的形式再次嵌入到现代代议制度的框架之中。虽然这是一个很有价值的目标,但是,它的成功依然会受到很大的限制。协商民主最好是在一个高度分权的、能够有利于小规模互动的政治结构中发挥作用,它很难适用于大规模的政治环境之中。

只有在参与协商的人民享有作出实际决策的权威时,协商才是有意义的。虽然在通常情况下更多的协商总比较少的协商要好,但是,更多的民主责任也总比较少的民主责任要好。

李义天:假设自由民主是人类的最终政治形式,势必传播到世界各国。但这只是一个理想的结果。你是否考虑过,为了达到这种理想的结果,怎样的传播方式才是可接受的?你如何评价小布什在发动伊拉克战争时所给出的一个理由,即,向伊拉克输出自由民主,帮助伊拉克人民建立一个自由民主国家?

福山:我最新近的一本书讨论的就是,伊拉克战争到底错在哪里?因为我认为民主之所以传播全球,是因为各个社会中的人们都需要它,民主并不是美国军事实力的后果。对于小布什政府来说,我认为他们的关键错误在于,他们觉得为了这个目的竟可以使用武力。事实上,我认为小布什政府所发动的战争损害了他们自己传播民主的努力。如今在中东地区,如果我们使用"民主"这个词,他们会认为民主就是美国的军事入侵。你知道,他们将民主视作一种坏东西。

三、社会心理与历史哲学

李义天:你之所以认为自由民主的最终的政治制度,很大程度上,是因为你觉得自由民主制度可以最终满足人类对于"承认"的需要。你把政治问题看做"为解决承认问题所作的努力",把政治发展的历史看做"为承认而斗争"的历史,把"获得他人的平等承认"看做政治发展的动力。你是否担心,左翼学者(特别是马克思主义者)会批评你过分强调社会的心理因素?

福山:我认为马克思就跟许多现代经济学家一样,过分强调了物质因素在人类发展方面的作用。确实,人们有物质的需要和欲求,但他们同时也有理想,希望别人承认他们的尊严和那些推动他们的道德理念。我认为两者同样重要。而且我认为,任何仅限于物质主义的历史叙述都会错过大量的真实情况。我的意思是,你就拿宗教来说。马克思主义说,宗教只不过是资本主义提供给贫苦的无产阶级的精神鸦片。但我认为,这种理论并不能解释当前中东地区出现的自杀性爆炸事件。

李义天："承认"虽然表现为一种外在关系,但它源自人们内心对于这种关系的渴望。真正的"承认"关系,必须来自于一个政治主体的内心(发自内心地承认对方),又落实于另一个政治主体的内心(在内心确实感受到来自他人的承认)。所以,"承认"是一种政治心理学或社会心理学的范畴。类似地,在《信任》一书中,你所强调的则是另一种社会心理("信任")。这是否说明,你比较喜欢从心理学的角度来观察、分析和讨论现实中的政治问题或社会问题?

福山:你当然可以说这是社会心理学。但是你也可以说它与理念和道德价值有关。人是非常复杂的生物,而不仅仅是物质主义的生物。

李义天:那我们是否可以这样认为,在历史发展的动力问题上,你偏向主观主义的解释,但在历史发展的趋势问题上,你的历史哲学又表现出一种客观主义的信念(即相信历史发展必将实现某个最高阶段)。前者肯定会遭到马克思主义者的批评,而后者又跟马克思主义有类似之处。请谈谈你对马克思主义(尤其是它的历史哲学)的理解?你觉得在与马克思主义者的对话交锋中,对方给你带来的最大挑战是什么?

福山:这很有意思。因为我觉得马克思主义者目前并没有对我的理论提出最有效的批评,不过,自由民主的一个重大问题确实是不平等的问题。你知道,所有社会都能够容忍一定程度的不平等。它们尽力通过采取社会政策,对各种资源进行再分配来使得社会不平等最小化。但是,这种状况最终并未能得到彻底解决。而且,我也不认为马克思主义已经彻底解决了这一点。也许不平等就是一个难以解决的问题,但至少马克思主义着重地强调了"我们需要平等"这个问题,并且将其置于思想关注的核心位置。所以我想,这就是马克思主义者所提炼出来的最重要的问题。

李义天:既然你认为存在某种"人类意识形态的最终形式"或"人类最后一种统治形式",这是否意味着,你是一个历史决定论者或历史目的论者?你似乎赞同黑格尔和马克思历史哲学中的一个共同点:人类历史能够发展出一种可以充分满足自身的最完善的社会形态,并且在实现这一点后不再发展。从这种历史观出发,你将如何评价和回应卡尔·波普(Karl Popper)对历史决定论的批判?

福山:我完全没有马克思主义意义上的历史决定论的信念。我最近的那部

9

关于政治制度起源问题的著作,就是针对人类社会不同演进方式的一种更为具体细致的历史描述,它完全不是决定论的。就事实而言,其实存在许多偶然的、未曾料到的影响因素。因此,我认为这完全不是"历史决定论"。

在我的新书里,我指出,政治的演变在如下意义上可以比作生物的进化。也就是说,不同的政治体系之间彼此竞争;其中有些能够更好地适应环境,从而生存下来。如果条件改变了,那么同样的政治形态实际上就会失效,走向政治上的衰落和崩溃。所以,正如生物进化不存在一条预先决定的道路一样,我也不认为政治的发展是事先决定的进程。

四、现实观察与中国问题

薛晓源:您这次演讲的主题是"全球金融风险与资本主义的未来",我想问的是,您在今天如何看待全球化及其进程?

福山:首先,重要的是,我们要明白全球化并不是一个新现象。1848 年马克思恩格斯发表的《共产党宣言》已经指出了全球市场,它将世界上许多地区和许多人都统一在一个单一的竞争市场中。因此,我们在过去一二十年中所看到的,只是过去 200 年历史进程的加速。我认为,全球化的一个明显好处在于,它使得经济的高速发展成为可能。而这一点在各国相互隔绝的情况下是无法出现的。

我记得几年前的一个圣诞节前,我打算给我儿子买一台苹果电脑,而当时距离圣诞节只有一个星期了。因此,尽管我在互联网上下了订单,但由于货物是发自深圳,因此我一直担心能否及时送到。但是,联邦快递很快就在圣诞节前把电脑送到了我家所在的华盛顿特区。显而易见,如果没有全球化,是不可能实现这样的经济效率的。

当然,全球化的另一方面是,由于我们更加相互依赖,因此全球化使得我们更加脆弱。所以,最近始于华尔街房地产泡沫破裂所导致的经济危机,也就影响到非洲的农民,以及中国和世界上其他地方的消费者。因此我认为,关键的问题在于,我们在国际层面上缺乏相应的全球政治结构,能够与当前我们已经发展出来的全球经济结构相匹配。

薛晓源:德国社会学家乌尔里希·贝克(Ulrich Beck)教授在 1986 年提出"风险社会"理论,后来他又提出"全球风险社会"理论,他认为全球化将把风险和危机播撒到世界每一个角落,使人无法逃逸。您是如何评价这种理论的?您是怎样看待风险与危机的关系的?

福山:我不是太熟悉这个理论。我承认,我们确实在面对全球化所带来的大量危机与风险,但是我们也拥有了许多获利的可能性。因此,人们既有得利的一面,也有易受攻击的脆弱的一面。而获收是相当巨大的。中国和印度的发展史无前例。我想,最关键的是,我们需要一种政治框架来处理这些风险。这样,我们就能够有某种方式来控制它们,并且让那些进行决策并导致坏结果的人对此负责。

薛晓源:目前,欧洲正处在金融危机动荡之中,有媒体预测葡萄牙是下一个"倒霉蛋",您怎样看待这一预测?

福山:欧洲的问题是由欧元导致的。欧盟缺乏约束其成员国家的纪律机制,缺乏使得这些国家退出欧盟的机制。它们只能进入,不能退出。而这带来了巨大的问题。因为只有当各个成员国以同等的严格程度执行和履行政策,欧元才会发挥作用。西班牙、希腊和爱尔兰已经陷入泥潭。它们除了接受富裕国家的政治援助之外,在目前的体系下是没有办法解决问题的。而那些富裕国家自己也面临着一些困难阻碍。但是,我认为欧元崩溃的代价太大了,没有哪个国家能够承担这样的代价。因此,像德国这样的富裕国家最终也不得不接受这种事实,并救助那些较穷的国家。

李义天:请允许我询问几个关于中国的问题。你在《信任》中曾指出,东亚将出现两种对立的经济文化:日本与中国。由于缺乏社会信任的资源,中国尽管可以迅速利用家族关系而建立私营企业,但是,中国在转变家族企业为现代企业时将面临比日本更多的问题。中国必须寻找自己的现代化的组织形式。时至今日,你如何评价你的上述判断?你认为最适合中国的现代化组织形式是怎样的?

福山:好的,首先我认为,在中国主要是家族企业而在日本它们已经发展成为大型公司的事实,并不一定就意味着,其中一个要比另一个在经济上更加成功。事实上,在过去的15—20年里,中国经济一直比日本更快。不过,我确实认为,在中国要构造大规模的经济组织,国有企业要比私有企业更加容易。如果你想想"关系"这种现象,它完全建立在你了解谁、信任谁的个人关系的基础上,你就会发现,与一个拥有更广泛信任的社会相比,它起码会给商业契约活动带来更多的限制和制约。

李义天：近几十年，中国进行改革开放。你对中国的观察和了解主要通过什么方式(途径)获得？根据你的观察，你对中国的现状有怎样的基本判断？基于这种判断，你想对中国说些什么？

福山：你知道，我不懂中文。跟所有普通的美国人一样，我主要通过阅读报纸、书籍和文章来了解中国。但是，我有许多来自中国的学生；通过和我的学生以及中国朋友的交谈聊天，我获得许多有关中国的信息。如果我现在能跟中国人民交流的话，我想说的是，中国可以稍微放轻松一点，不要对中国在全球的实力和地位感到如此不安。中国正在和平发展，而且将持续和平发展，中国必将以这样或那样的方式改变世界。所以，对于各种批评意见，中国也许可以更加开放一些。我的意思是说，中国在过去几十年里已经走向开放，给世界留下了深刻的影响，但它可以变得更加开放。

薛晓源：最后一个问题。你刚才有好几次都提到自己的一本新著，请问这部书是关于哪方面内容？另外，在你丰富的著作中，哪几部是你自己比较偏爱的？理由是什么？

福山：我目前正在写作的是一部两卷本的政治思想史著作。我已经完成了上卷，并将于明年4月在美国出版，题目是《政治秩序的起源：从史前时代到法国大革命》(*The Origins of Political Orders：From Pre-human Times to French Revolution*)。下卷将涉及从法国大革命直至今天的政治发展。但是目前我还没有完全开始下卷的写作，这可能需要几年的时间来完成。

要说到我自己最偏爱的作品，应该是我的第二本书，《信任》。我一直试图探讨文化对于经济生活的影响。而这本书的写作给了我一个机会。在某种程度上，尽管很多人都知道我的《历史的终结与最后之人》，但是我所做的演讲更多都是关于信任问题的。因为对于大多数人来说，这是一个非常重要的问题。

全球正义的困境与出路[*]

【美】理查德·米勒　陈文娟

2012 年 7 月 5 日和 2013 年 2 月 15 日,在康奈尔大学哥德维希·斯密斯大楼 329 办公室,陈文娟博士与米勒教授围绕全球正义话题进行了广泛交谈。米勒从广义和狭义两个角度出发,探讨了全球正义的内涵、全球政治不正义与全球经济不正义的产生根源、消除全球不正义的基本途径以及全球正义亟待实现的两大目标等问题,阐述了他与托马斯·博格、迈克尔·沃尔泽等人的全球正义理论的主要差别。米勒认为,中国的和平发展将有助于全球不正义问题的解决;中美之间的和平共处是基于相互学习,而不是寻找差异性的文化。

一、全球正义的问题与现象

陈文娟:米勒教授,下午好！非常感谢您能接受今天的访谈。这次我们探讨的话题是全球正义,在开始这个话题之前,我有一个疑问,希望得到您的回答。从 20 世纪 70 年代开始,您一直致力于马克思主义理论相关研究,早期的论文包括《历史唯物主义的一致性》和《罗尔斯和马克思主义》,[②]80 年代以来,您把研究的重心放在马克思的道德哲学问题上,在整个西方政治思想传统中考察和研究马克思关于权力与道德、生产力和社会关系、事实与方法等一系

---

　　*　理查德·米勒(Richard Miller),时任美国康奈尔大学哲学系教授。陈文娟,时任中央财经大学马克思主义学院副教授。

　　②　Richard Miller,"The Consistency of Historical Materialism",*Philosophy and Public Affairs*,4(1975):pp.390-409;"Rawls and Marxism",*Philosophy and Public Affairs*,3(1974):pp.167-191.

列重大主题。① 您的著作《分析马克思:道德、权力和历史》②在中国已经有中译本。90 年代后,您开始转向正义理论的研究,③尤其关注全球正义的问题。那么,请问您是什么原因使您的研究兴趣发生了转移?

米勒:好的,当我试图解释马克思时,我总是忠实于马克思的著作本身,通过描述和辩论马克思在著作中所说的一些重要的事实,来帮助人们如何生活得更好。马克思著作的核心理念是:基于集中的计划,把资本主义转变成为一个由工人政权所控制的经济形态。然而,我后来对此的理解有所改变。这一改变始于我对美国社会主义运动希望的幻灭。随着越战结束,左翼力量越来越小。在里根任期,保守派的崛起使得共和党和民主党的政府几乎没有实质性差异。在国际上,中国的计划经济的结束和全球资本主义经济结构的不断增长,对我也造成了影响。

另一个重要的影响是匈牙利经济学家亚诺什·科尔内(Janos Kornai)的著作。他系统地证明了为什么计划经济不能很好地提升工人的生活状况。计划经济的量化目标必然导致储存过多的物资,不鼓励创新,并且很难从全球化中获利。尽管我不再是一个马克思主义者,但我曾经并且仍然相信,马克思对于资本主义劳动力市场的危害、资本主义精英在寻求权力的方式等方面有着深刻的洞见。用马克思本人的观点来讲,对他国人民的毁灭性支配乃是这一伤害的主要方面。我们可以从他对中国、印度、爱尔兰的反殖民运动的支持言论中看出这一点。因此,当我整体上不再拘泥于马克思主义时,很自然地,我把研究兴趣转移到了减少因跨国权力滥用所导致的全球不正义。

陈文娟:那么,您具体是从什么时候开始关注全球正义问题的?

米勒:我认为,这得回溯到越南战争。从那时开始,我就非常关心越南战争中出现的全球不正义现象。刚开始,我认为美国是在与暴政作战。随着我学得更多,思考得更多,我开始明白,美国为了维持自己的权力,不仅杀了很多人,也

---

① 这一时期的论文有 Richard Miller, "Marx and Morality", *Nomos*, Volume XXVI: *Marxism Today*, (1983): pp.3–32; "Marx in Modern Philosophy", *Social Science Quarterly*, 64(1983): pp.846–861; "Marx and Aristotle: A Kind of Consequentialism", in K.Nielsen and S.Patten (eds.), *Marx and Morality*, *Canadian Journal of Philosophy*, Supplementary Volume VII(1981), pp.323–352 等。

② Richard Miller, *Analyzing Marx: Morality, Power and History*, (Princeton: Princeton University Press, 1984).

③ 这一时期的代表作是 Richard Miller, *Moral Differences: Truth, Justice and Conscience in a World of Conflict*, (Princeton: Princeton University Press, 1992).

导致许多美国士兵的死亡。这使得我强烈反对那场战争,因为我认为,民主党人和共和党人都支持用暴力手段保护美国的全球霸权。于是,我找到了我的马克思主义朋友,想弄明白为什么这些事情会发生。我与全球正义问题相联系的另一个标志性阶段是国际社会主义运动时期,因为我开始成为反对全球不正义的一分子。我的朋友和我都是共产主义者,希望看到革命性的变化,期待建立一个由工人主宰经济的国家。我最亲近的朋友把中国的左翼视为寻求变革的全球运动中的盟友。

陈文娟:抱歉打断一下,您能就这些马克思主义朋友和他们所属的组织多谈谈吗?

米勒:好的,有两个这样的组织。20世纪60年代中期,美国共产党(Communist Party USA)中的一群人把工人组织起来,打算让其成为民主党的一个分支。他们成立了进步劳动党(Progressive Labor Party),不断寻找一个特定国家作为社会主义运动的全球领袖。另一个组织是寻求民主社会的学生(Students for a Democratic Society)。在60年代,越来越多的美国人反对越战。被应征入伍的士兵扮演了重要角色。他们返回美国后,揭露了美国在越南是多么地不受欢迎。大学生也扮演了尤其重要的角色。他们通过罢课来反对战争,占领了指挥部。当介入战争的政府官员视察学校时,他们被学生们包围并受到谴责。

后来,林德·约翰逊(Lyndon Johnson)总统最终决定撤兵时,他主要听从了高级顾问团的建议,这些人主要担心战争会毒害年轻人的心灵。在我最近的《正义的全球化》①一书中,我对此有更多讨论。激进的学生期待成为寻求民主社会的学生团体的一分子。他们联合起来反对战争,不自觉地发展了一种"参与民主"。当寻求民主社会的学生变得越来越重要,进步劳动党成为其领导者。进步劳动党指出,被应征入伍的工人阶级(大学生可以免于服兵役)、当前罢工浪潮的参与者、参与到反对警察暴行、反对非裔美国人高失业率集会中的非裔美国工人,表现出了勇敢的领导力。他们还提供了许多证据表明,越战是一场致力于保持美国地缘政治权力的帝国主义战争,而不仅仅是一场悲剧性的错误。

在20世纪60年代末70年代初,我是哈佛大学的一名研究生,在那里,通过一个更广泛的前沿组织"工人—学生联盟"(Worker-Student Alliance),进步劳动

---

① Richard W. Miller, *Globalizing Justice: The Ethics of Poverty and Power*, (Oxford: Oxford University Press, 2010).

党领导着学生运动。我在这个联盟中的研究生朋友说,美国精英,包括大学行政机构在内,已经就制造越战并在未来制造类似战争的战略目标达成了基本一致。这深深震撼了我。在占领学校行政机构大楼的罢学运动中,我非常赞赏他们的勇气。最终,我加入了进步劳动党。

但是,在美国,进步劳动党和寻求民主社会的学生都不是危险分子。我们从未想要获得国家权力,我们所做的就是和这场糟糕的战争进行战斗,和极端主义进行战斗。我加入这一组织,它让我感觉到这是真正的国际运动的一个组成部分,在那里,人们一起工作,互相倾听,没有欺骗,没有虚假。我记得,在波士顿,有一年的五一劳动节,我们用各自的语言(包括中文,我们中间有来自中国的人)齐唱国际歌。因此,这给我一个启示,我希望有一天人类最终走向那种合作。

陈文娟:您此时已经开始对全球正义的问题产生兴趣了?

米勒:是的。但是,此外,我还要谈到的是,第一次海湾战争以一种仅仅有利于美国权力的方式,再次加害于许多伊拉克人。WTO 对发展中国家的不公平对待,也让我觉得问题严重。这些问题当下似乎仍在上演。所有这些事情使我重新回到关于国际不正义的思考上。此外,激发我思考的,还有一些非常重要的智力挑战。比如,彼特·辛格(Peter Singer)说,如果有助于帮助世界上的穷人,那么人们应该放弃所有的奢侈品、所有的装饰和所有的安逸。我认为他是错误的,我们要做的事情应该更多。首先引起我兴趣的是各种权力滥用。我认为,不正义战争是最严重的权力滥用。这涉及我们最为需要的全球正义的根基在哪里。关于这个问题,人们正在辩论的是:"在何种程度上,国内正义的标准应该被延伸到全世界范围内?"这种讨论对我而言非常重要。我直观地认为,美国与越南、中国以及为结构性调整所困扰的发展中国家为敌,这是不正义的。我想,这就是我关注全球正义的基本原因。

陈文娟:刚才您谈到了促使您关注全球正义的三个原因:越南战争中的美国暴政、亲自参与国际社会主义运动以反对美国的极端主义以及第一次海湾战争中美国的权力滥用。似乎,这三个方面都与美国在不正义战争中的权力滥用相关,那么,在您看来,全球正义仅仅限于权力滥用吗?或者它还有更丰富的含义?

米勒:我认为,人们应该关心的全球正义可以从广义和狭义两个角度来理解。广义上来讲,全球正义是指人们履行他们超越国界的、国际性的政治责任。

这是一种对别国人民的政治责任。在某些国家,其中有些人太穷而需要被救助,而你刚好有资源帮助他们,并且帮助他们不会使你的生活变坏,那么你就需要履行你特定的责任。有人可能会说,这不是真正的正义,而更像一种慈善义务。那么,从狭义上看,全球正义则意味着不利用别人,不对他们滥用权力。我认为,在当今世界,狭义的全球正义固然是国际间责任的重要来源,但同时,广义的全球正义(即,履行你的义务去帮助他人)也很重要。

陈文娟:的确,人们可以从其所持有的政治立场出发,以不同的方式来看待和理解全球正义。在我看来,有些人往往从广义的、积极责任的角度来理解全球正义,在共同体中,个体追求一种积极自由,为实现公共善而主动地、积极地承担着特定责任,并在一个基本实现了公共善的良序社会中充分实现自我。推广到全球的框架中,这种积极责任体现为一种致力于消除极端贫困并实现大致公平的、超越了国界的、国际性的政治责任。而另一些人往往从狭义的、消极责任的角度来看待全球正义:即,个体寻求一种消极自由,并把不伤害他人、在不妨碍他人自由的基础上实现自我自由作为首要原则,因此,他们认为,不利用别人,不对他们滥用权力就意味着实现了全球正义。在这里,我十分同意您的观点,即,消极责任是一种重要的国际责任,但是积极责任也很重要。甚至我更看重后者,弱意义上的消极责任是全球正义的基本限度,而强意义上的积极责任则是全球正义的更高要求,全球正义应该具有更积极的道德内涵。这就是我所理解的全球正义。不过,对全球正义更多是偏向积极维度还是消极维度的考虑,都需要建立在事实的基础上。那么,您觉得当今世界普遍存在的主要全球不正义现象有哪些呢?

米勒:我首先想到的是气候变化这个例子。我们所面临的这一挑战,人人都有份。美国、欧洲、发展中国家(像印度、中国、巴西)都是全球气候变暖的主要因素。尽管在这方面中国做得不够,但我认为美国的缺失更大。

另一个全球不正义现象就是我前面提到的权力滥用。我认为,在各种形式的国际权力滥用方面,美国起着主导性作用。因为美国是最有权力的国家,最有权力国家的领导者总想延续其权力。当中国实力开始接近美国时,我认为美国并不清楚中国将要做什么。当然,也有很多政府,在其统治下人民生活得非常糟糕——比如,在刚果,美国应该对由其建立的卢蒙巴政权(Lumumba regime)负责,那个政权开启了可怕的暴政时代。但是,这些专制的统治者都局限于一个地方,他们组建的是重要的地方权力。而对美国人来说,我们的强大政府可能会在国际层面表现出不负责任。关注这一点,是很重要的。

我还想到的一个全球不正义现象是国际贸易问题。比如,加拿大倡导农业补贴。这样,在 WTO 框架下,许多发展中国家的生活质量下降,伤害了农民。各种形式的欧洲农业补贴比美国更加糟糕。我们经常批评美国,会说加拿大这好,欧洲那好,但是,如果考虑到农业补贴这个问题的话,在履行和承担全球正义的责任上,它们并非做得那么好。

二、全球正义:政治的与经济的

陈文娟:您刚才提到了几种类型的全球不正义现象:权力滥用属于全球政治正义的范畴,国内农业补贴属于全球经济正义的问题。当然这只是一个简单的区分,政治和经济从来都是紧密联系在一起的,比如您同样提到的气候变化,就是当下正在热烈讨论的综合了政治和经济的复杂问题。不过,出于自己的兴趣,我首先比较关注您对权力滥用的看法。您认为其根源何在?

米勒:好的。权力的滥用,在我看来,是因为那些领导最强大国家的国际精英们想要保持其权力。这意味着,如果他们是最强大的国家,他们就想要保持自己对其他国家的权力,从而使得他们能够在那里畅通无阻。显然,他们会遭遇阻力。而美国应对这些挑战的重要方法是,使用直接或间接的军事实力,培养亲美政权或经常依赖于外来权力的代理政权。我认为,权力滥用的根源就在于,强权国家试图基于自己的利益而不是基于他国人民的利益对其他国家保持其权力。这必然导致不正义的国际冲突。

陈文娟:然而,美国在其外交政策中,无论是在海湾战争、索马里、科索沃、阿富汗、伊拉克,还是现在的叙利亚的事务中,都宣扬他们之所以这样做,是为了拯救处于专制统治下的人民,是为了传播其民主理念。对于这一点,您怎么看?

米勒:美国是一个强权国家,这个强权国家很喜欢谈论其理念。我认为,在官方言论中,就传播自身的政治理念而言,英国人不像美国人这样津津乐道。但是,我也没有发现英国做出像美国政府所做的那些坏事。也许,制定美国外交政策的人相信他们所说的,即,他们这样做是在传播民主。然而最终我所看到的是,像沙特阿拉伯这样的国家并没有建立民主。在世界上这个有着最丰富的、最容易开采的原油储量的地区,把沙特阿拉伯变成我们的同盟者,其目的是为了能够降低油价。因此,我认为,激发我们滥用权力的,是使美国尽可能长久地保持世界霸权地位的意图。我认为,这和民主真的没有什么关系。

陈文娟:显然,在国际舞台上,强权国家所实施的权力滥用是一种典型的全球政治不正义现象。但是,在全球框架下,国际层面的新特点也会给国内层面的政治格局带来一些特殊的影响。在面对全球化及其相关政治问题之前,个体可能只需要考虑自己与地方性的政治权威(比如,民族国家)之间的关系,但是,当全球化时代到来后,个体的视野更加开阔,原先被认为是不言而喻的政治权威甚至也要面临重新建立合法性的问题。比如说,民族国家的整体性的权威地位就常常被分作民族和国家两个层面分析。那么,您认为在全球政治的背景下,个体将如何处理对民族和国家的关系?

米勒:我明白你所说的是关于民族和国家政府之间的关系。它们之间有联系,比如说某一个民族的人有自己特定的文化和习俗,而所有这个民族的人都生活在一定的国家。但民族和国家政府之间是有张力的。一方面,一个民族的人常常想要保存、提升和延续自己的文化,对他们而言,最重要的文化信念是他们民族的历史,他们从那些死去的人们那里继承下来,并打算通过子孙后代传递下去。但这是一项文化事业,而不应该被迫成为一项政治事业。另一方面,一个生活在这个国家的民族,对国家应具有基本的忠诚。他们支持或反对某项重要的公共政策的理由不是狭隘的民族利益,而是公共利益。他们与其公民同胞(fellow citizens)、而不是你所说的更狭隘意义上的民族同胞(co-nationals)分享这一共同事业。我认为这才是一些特定责任的真正基础。再者,我认为,如果事情进展顺利,人们应该养成一种对公民同胞的忠诚的政治义务,并通过政治行动来履行。其实,任何适宜的政治秩序都包括愿意妥协,愿意作出重大牺牲,愿意相互倾听,等等。如果不坚守这些原则,只考虑自利而不愿吃亏,那么政治秩序也不可能达成。这是一种对公民同胞产生特殊忠诚的实践。

陈文娟:的确,个人对民族、对国家都有基本的义务,这两者有一定的张力,但最理想的状态是两者能够很好地统一起来。反过来,在现实中,民族国家对本国公民承担着特殊的义务,是保障和实施个人政治经济权利的最重要的政治舞台。因此,在国际政治中,民族国家常常以主权为由,优先考虑保障国家的权益。然而,构成全球正义观念基础的却是世界主义理念,其最终落脚点是抽象的个人或人性概念;为了具有普遍性,这必然要忽略人的种族、文化、宗教等因素。在正义与主权的关系上,霍布斯认为主权国家之外是不能获得实际的正义的,那么,您认为推行全球正义理念会受到以主权为特征的民族国家的阻碍吗？换句话说，世界主义能否与主权概念相容？

米勒：这部分地取决于你怎样理解世界主义。我的观点是，世界主义的正确性在于，它认同由某些国家（尤其是相对富裕和具有权力的国家）对其他国家所应具有的一种强烈的、但现在尚未实施的责任。你可能会这样说，并且这样想，主权在道德上是重要的。在许多国家，抵制外来压力能减少跨国权力滥用，从而减少那些全球不正义。而且，如果你很好地理解了公民身份对公民同胞的特定责任，那么，这将有助于你更好地理解和提升对他国人民的跨国责任。

一些美国人常常会对其他国家的人们感到抱歉，比方说对撒哈拉沙漠以南的非洲。那我就会问他们：你几乎不认识他们中的任何人，你甚至会对他们当中许多人的生活方式感到相当不适，那你为何认为你有义务帮助他们？你的这种特殊义务的源泉是什么？我想，当谈到这一点，他们经常会提到与公民同胞相关的义务。比如，在国内，我们通过法律来规范我们的生活，因此，我们有责任确保美国同胞的生活得好。而在国际上，只要其他国家采用一定的发展政策，美国通过要求其他国家从世界银行、国际货币基金组织（通常是美国主导）获得贷款，从而对这些国家的生活乃至决定发展进程的结构性调整政策都能产生巨大的影响。

既然我们是因为支持那些影响到洛杉矶人生活的法律而对洛杉矶人负有责任，那么，这意味着我们不得不对加纳人也负有责任，因为来自于美国的政策也对他们的生活造成影响。因此，我认为，如果你是个美国公民，那么对公民同胞的义务和对世界其他地方的人们的义务就具有相似性。比如，对那些由你所造成的环境污染的受害者，无论他们生活在国内，还是其他地方，你都应该有所作为。美国工业排放造成的酸雨，由于风向的缘故，大多降落在加拿大。这就要负责任。不承认这点是可耻的。如果你认为这只是关乎主权义务，那显然会使你很难思考温室气体排放结果中所包含的对其他国家的义务是什么。

陈文娟：在《正义的全球化》中，您谈到了要实现全球正义，抵制跨国权力，帮助发展中国家的穷人，全球社会民主（Global Social Democracy）是实现对他国人民特殊义务的一种有效途径。不过，您也引用许多的调查数据显示，在当前美国，全球社会民主者是一个非常小众的人群，[1]那么，您觉得当前提升和实现全

---

[1] Richard W.Miller, *Globalizing Justice：The Ethics of Poverty and Power*, Oxford：Oxford University Press, 2010, pp.238, 253.

球社会民主的主要方式有哪些?

米勒:全球社会民主是一种共同体式的展望,在那里,跨越国界的人们在抵制国际间的权力滥用方面相互合作,在如何减少人类痛苦源泉方面相互学习。我认为,不同国家的社会运动有时是直接联系的。比如,发生在伊拉克战争期间的反战活动。我还认为,在唤起人们关注国家间权力滥用的问题上,知识分子能够扮演重要角色。他们有责任向人们解释,军事干预是非常极端的干预。军事干预一旦开始,后果很难停止。我认为,尽管就全球正义而言,他们可能会完全冷漠,但实际上他们有智慧、有意愿来帮助另一个国家的人民,这就能提升全球社会民主。

抵制华盛顿共识(Washington consensus)这种社会运动,就是我所说的一种全球社会民主的表现。在那里,人们最先对国际货币基金组织所提出的疗法产生抵抗。许多怀有善良意愿的人们想:"哦,他们只不过是特殊利益集团,我不想采用他们的药方,我要反叛这个集团的疗法。"我认为,真正的不同在于,当知识分子和参与到游行的人们共同揭露华盛顿疗法的无效和 WTO 的非正义措施,这能够唤起其他国家的人们对全球不正义的关注。

陈文娟:您所谈到抵制华盛顿共识这种社会运动,让我想起了阿伦特所讲的公民不服从运动。作为自愿结社的一种新形式,公民不服从运动是指少数人出于良知而有秩序地联合起来,对多数人所制定的不正义的契约、盟约或协定表示不服从,从而削弱多数派的道德强势地位。① 我认为,您所谈到的全球社会民主运动与此极为相似,只不过阿伦特是在国内正义的框架下,而您是在全球正义的框架下来探讨这一问题的。那么,对这种以实现全球正义为目标的全球社会民主运动,您是否设想过由谁来主导呢? 是成立某种形式的机构,还是建立一个全球政府? 在此问题上,有人热衷于建立一个全球政府,并认为现在国际上有影响力的国际机构(如,联合国、国际货币基金组织等)、超国家和大陆联合体(如,欧盟、非盟等)在实现全球正义的道路上发挥着积极作用;与此同时,也有人认为建立全球政府的想法完全是一种乌托邦,在价值利益日趋多元化的当今世界,企图建立大一统的全球政府既无可能,也无必要。那么,您持有何种看法呢?

米勒:建立全球政府? 我想没有人能做这件事情。反正哲学家不适合。如

---

① Hannah Arendt, "Civil Disobedience," in *Crises of the Republic*, (New York: Harcourt Brace Jovanovich, 1972), p.96.

果他们拥有权力,可能变得危险,因为他们有宏大理想。我们有必要提到康德,作为伟大的哲学家,他具有非常伟大的思想,开启了现代的世界主义讨论。但是,世界政府是一个糟糕的主意。就目前我们所能见到的而言,你会发现很难用一个居于世界中心的政府去管理;似乎只有在专制和独裁的基础上,世界政府才能有效运行,而这必然使它与公共意见的压力相隔绝。因此,不要去寻求建立一个全球政府。当你想到所能采取的各种合作形式时,我认为最重要在于,这不是一种体制,而是一种运动。我提到的全球社会民主就是作为一种运动。因此,我们所做的只是让事情不变得更糟。这么去做并非坏事。

有人希望,有那么一些具有影响力的合作机构必须是全球性的。联合国就是这样的全球机构。它是一个探讨和缔结协议的地方。尽管它不能影响各国的权力均衡,但在某些问题上,通过协商总会使事情更容易解决。不过联合国也有做得不够的时候。我是指,联合国大会关于以色列的决议,常常仅仅由美国和以色列,可能还有一两个依附于美国的国家提出并达成。但是,有这样一个机构毕竟是件好事情。总体而言,我不认为全球正义是个机构问题。有一些机构予以援助,有一些社会运动予以援助,还有一些在政府中的人们予以援助,对全球政治正义而言都是有效的。

陈文娟:非常有见地的看法。要消除强权国家只站在自己民族国家利益的立场上对他国实施权力滥用的全球政治不正义现象,除了您刚才所说的通过一些机构、社会运动来遏制强权国家,通过人们出于履行积极的政治责任而对受害者施以援手之外,其实还有另外一种思路,即,实现强权国家自身思维方式的转变。过去我们讲丛林法则、优胜劣汰,现在我们要讲人道主义、求同存异和共赢。在全球化时代,强权国家应该抛弃狭隘民族主义的立场,建立世界大同的新思维。可能,这只是我的美妙幻想,但我依然觉得值得努力和期待。好了,刚才谈论的是全球政治正义,那么,您关于国际权力滥用的观点是如何影响您关于国际经济不正义的分析呢?

米勒:我认为国际经济不正义——在一种狭义的理解上——主要来自两个方面。世界上有许多剥削,有些是由巨型的跨国公司所导致的剥削。人们想得到工作,但他们没有讨价还价的权力。因为,这些大公司能够以低廉的工资找到其他人顶替你。因此,有很多这样的失业者和不充分就业者,即使工作报酬很微薄、工作任务很繁重、工作条件很危险,他们也不得不接受。因为这是他们力所能及的、必须要得到的最好工作了。我认为,剥削虽然发生在发展中国家,但这种剥削关系却是发生在国际之间。发达国家的人们,尤其是像我这样的人,其实享受着由于这种剥削所带来的丰厚福利。我身上穿的东西都是在发展中国家制造的,很多就是由中国制造。因此,我想,发达国家相对富裕的人,应该做更多的事来回报那些受我们的跨国公司利用并且讨价还价能力较弱的发展中国家的人们。

此外,我认为现有的国际贸易是不正义的。在我看来,国际贸易的正确方式只有一个,即,各方都平等地接受它的收益和负担。原则上讲,在关税平等的条件下,如果中国遭遇贸易壁垒,那么美国也应该遭受贸易壁垒。现在仍然存在贸易壁垒,现有的贸易制度仍然惠及美国人。过去25年,这种贸易制度一直对全世界加以限制,但却不断惠及美国、英国和日本的公司。当中国、印度和巴西试图通过技术阶梯来提升时,它又阻碍其发展。我认为,这是经济不正义的一个重要来源。幸运的是,中国通过控制人民币,保持较低汇率,找到了应对的方式。实际上,这是对整个出口的一种补贴。在WTO框架下,你不能补贴特定的出口产品,但是,这其实是对出口的总体补贴。有些美国人,比如保罗·克鲁格曼(Paul Krugman)这样的自由主义者,也许是美国出镜率最高的经济学家,不断谴责中国保持人民币的低汇率。但是,对我而言,最重要的事情就是表明,在经济正义的名义下,论证中国保持人民币低汇率并非不正义。这是对WTO框架下经济不正义的一种抗衡。

陈文娟:如果我们把全球经济正义和政治正义放在一块来考虑,那么,全球正义的目标是什么?如何衡量一个社会实现了全球正义?

米勒:如果把全球正义放在广义上理解,那么一个实现了全球正义的社会应该是这样的——其中,没有国家遭遇严重的贫穷。通过他们自己的努力,贫穷得到减少;而其他国家的人们也有义务帮助他们,并且,这种义务不会使他们自己的生活变得更糟。我认为,世界应该变成这个样子,国家间具有合作的意愿,人们不再受到跨越国界的剥削,贫富差距不能过大。当然,由于环境的不同和选择的不同,不平等始终存在。但是,如果存在非常贫穷的国家和另一些非常富裕的国家,那么,权力会被滥用——剥削贫穷国家是诱人的。我认为,只要国家之间在政治上足够平等,此国家不愿顺从彼国家不需要理由,那么,我们就能达到"没有普遍而严重的贫穷"这一目标。

可是,经济上取得共识就够了吗?我不这样认为。很多国家想要控制其他国家,仅仅因为其领导者想获得更多权力,并且存在着追逐权力的竞争。这导致了不正义的战争。因此,我认为,全球正义的另一大目标是终结权力竞争。这可能是所有目标中最难实现的。如果美国的领导人感觉到了威胁,并且战争爆发,这对世界来讲都是糟糕的事情。因此,这就是为什么我在《正义的全球化》一书结尾说我们要追求全球公民友谊(global civic friendship)这一最终理念的原因。

三、全球正义理论:比较视角

陈文娟:在政治哲学视域中,关于国内正义的研究,从古希腊的苏格拉底探讨人的正义和城邦的正义开始,古今中外的哲学家、政治家、法学家都在一直探求这个问题,并形成了各式各样的、成熟完备的国内政治理论。这些理论为解决现实的政治经济问题提供了诸多可行的实践方案。相比国内正义问题而言,全球正义问题相当复杂,尚未得到系统全面的成熟研究。理论界对于全球正义理论所要研究的基本概念和问题——比如,全球正义究竟意味着什么? 全球正义具有哪些核心观念? 全球正义理论要解决哪些主要的问题? 它能创造出何种正确合法的方式来管理世界? 以及,它期望建构什么样的世界秩序? 等等——尚处于起步阶段。因此,发展一种全球正义理论就变得相当迫切。在您看来,为了建立和发展一种规范性的全球正义理论,有什么样的理论资源我们可以借鉴?

米勒:对于全球正义问题,我真正了解的理论是西方的政治哲学。它建立在对民族国家以及公民同胞之间具有政治义务的讨论上。我们当然知道,民族国家是什么——从霍布斯,到马克思,再到韦伯,它都是指能够使用武力的垄断权力。但在思考全球正义的问题上,我认为还需要理论的创新。同样,关于爱国者、公民同胞之间的义务是什么,人们也没有达成更多一致。我认为,追问纽约的人为什么在政治上要关心加利福尼亚的人,追问上海人为什么要关心四川汶川灾区的人,这些都是非常重要的好问题。对此,政治哲学的某些传统为我们提供了一些回答。那么,我们能否追问,是否存在类似的东西可以进入国际层面呢? 我认为这些传统还仅仅是原材料,我们需要在全球化时代搭建新的结构。

陈文娟:的确,从国内正义到国际正义再到全球正义,我们需要更多的理论创新。在当代西方,罗尔斯"作为公平的正义"的正义观为我们处理国内正义问题提供了原创性的答案,而他的另一部著作《万民法》则在主权国家的基础上为我们解决国际正义问题提供了诸多原则,但是,罗尔斯的研究却没有进入到全球视野。在罗尔斯的国内正义和国际正义研究成果的起点上,托马斯·博格

(Thomas Pogge)进一步把正义的研究领域扩展到全球视野。和您一样,博格认为,富裕国家以雄厚的政治、经济和军事力量为后盾,通过建立由它们支配的国际货币基金组织、世界银行和世界贸易组织,塑造有利于它们的全球经济秩序,通过默认诸如国际借贷特权、国际资源特权等国际惯例,给许多穷国造成了灾难性的后果。归根结底,全球经济秩序正是贫困和不平等的根源。① 那么,我想请您谈谈您和博格的全球正义理论的主要区别在哪里?

米勒:在某种意义上,我们的观点现在非常相似。尽管托马斯现在不会说,我们的国际义务和我们对公民同胞的义务是一模一样的,也不会说罗尔斯关于公民同胞的观点也可推及到世界各国人们,他也论证,我们对其他国家人们的义务主要不是仁慈的义务,而是对消除贫困的义务。但是,我们之间有两个与此相关的分歧。

第一,托马斯认为,我们最重要的跨国义务是一种消极的义务,即不伤害人们。我认为,即使在不伤害别人,你也有可能滥用权力和不履行责任。想想剥削。大多数经济学家说,在泰国耐克工厂的制鞋女孩,一星期工作7天,一天工作12个小时,没有任何休息。但是没人强迫她们这样做。她们现在过得比起不工作的时候要好。但是,即使这没有使其生活变得比其原先更糟,你也有可能基于全球经济不正义的结构而滥用了权力。我认为这是我俩的一个分歧,即,我认为权力滥用包括但不局限于伤害。

当然,有人可能想通过解释"伤害"来调和我们的立场。托马斯似乎对此有一种特别的理解,但是我认为"伤害"模糊了与正义相关的问题(第二个与此相关的分歧)。实际上,他说:"如果人们是包括那些仅仅是日常的国际贸易在内的国际组织系统的一部分,这些人过得很不好,即使改变组织也不能使得他们境况变得更好些,我把这视为一种伤害。"如果"伤害"的理解是在这个意义上,我没有看到什么重要的洞见——纯粹仁慈不是跨国义务的主要来源——留下来。托马斯说,"我不是讨论仁慈的义务,我也不是讨论对贫困之类负有责任的义务。"但是,如果改变制度使困境中的人生活得更好不是仁慈的义务,那么它是什么? 为什么你与他人贸易往来的单纯事实应该创造一种主要由你来改变你们的关系从而使得没有人会陷入到更贫穷境况的义务呢?

此外,在描述未被满足的消极责任时,我们也有不同的侧重。托马斯关于全球苦难的事实论断似乎是相当显而易见:存在太多贫困;存在大量的流血冲突;

---

① 【美】博格:《康德、罗尔斯与全球正义》,上海译文出版社2010年版,第426—436页。

一些国家拥有本不属于它们的大量的矿产资源。我认为,更重要的是追求更有争议性的事实论断,例如,建立一种帮助发展中国家人们满足其需要的义务。在某种程度上,这很重要,因为在我看来,在当前制度下贫穷持续存在并能够减少的论断,本身并不能产生这样的一种义务。但是,我常常从托马斯·博格的著作中学到很多,他当然不会把我所强调的追问作为不相关的而排除在外。在全球正义问题上,我们是同盟者,只不过对相似的结论追求不同的论证方式。

陈文娟:您承认您和博格是同盟者。您可能也注意到,在全球正义理论阵营中,有引人注目的两大流派:一是世界主义,一是共同体主义。前者主张打破国际和国内社会的界限,建立新的全球政治经济秩序结构,对全球范围的资源、收入和财富进行重新分配,博格和您都是世界主义者。后者主张,在国际关系实践中,最合适的共同体形式就是主权国家,他们不赞成将分配正义扩展至国际范围,迈克尔·沃尔泽(Michael Walzer)就是典型的共同体主义者。那么,您如何看待沃尔泽在全球正义问题上的观点?

米勒:在某些方面,没有分歧,在某些方面,存在分歧。迈克尔·沃尔泽和大卫·米勒(David Miller)都承认,不能为不正义战争进行辩护。因此,他们很清楚,为了提升一个国家的利益,可能会有恐怖的权力滥用。他们也很清楚,国家和国家之间需要合作。当国家之间合作时,必须要保证公平。因此,在这点上,我们没有根本的差异。

我认为,沃尔泽与我的观点之间真正形成张力的是:无论你在哪里,你都要把爱国作为最高价值。我不认为沃尔泽曾经讨论爱国,但我认为这是一个非常真实的现象,而且在大多数国家这是一个积极的现象。但在美国却不是如此。因为人们的爱遮蔽了真正糟糕的事情,它确实遮蔽了人们的眼睛,麻痹了人们。我以为,共同体主义有一个蒙蔽我们的理念,它给公民同胞创造了关注的义务。但这不像其他理念那样容易推演出来。因此,这里存在某种哲学的不一致。我认为,共同体主义对民族荣誉有一种很深的情感,而这意味着,如果他们是体面人,他们就会对他们的国家所实施的权力滥用表示厌恶。那些试图暗杀希特勒的德国军官,试图以武力方式终止第二次世界大战,都是些保守的民族主义者,他们都是我们所说的共同体主义者,他们认为纳粹所做的是可耻的,他们要通过终止它而恢复德国的民族荣耀。如果迈克尔·沃尔泽原则上能以这种方式来反对全球不正义,那也是很好的。

陈文娟：我是否可以这样理解，在消极责任的层面上，即不对他国人民滥用权力，不伤害他人，不发动不正义的战争上，你们能达成共识。但是，在积极责任的层面上，你们却存在一定分歧，这首先体现在，沃尔泽认为，在任何时候都应该把爱国作为最高价值，而您却认为爱国必须以国家推行正义为前提。此外，您还认为富裕国家人民应该履行帮助贫穷国家人民的政治责任，而沃尔泽尽管不否认对他国可能负有责任，但认为首要责任是对生活在同一政治共同体中的同胞或公民负有的特殊责任。在《情感领域》一文中，沃尔泽借用玛莎·纳斯鲍姆的"同心圆"（concentric circles）术语来解释共同体主义的爱国情感：在同心圆的正中心，是我们的亲缘关系以及对国家的忠诚，然后我们会把这种同胞感和友谊感逐渐延伸至新的群体中，直至整个人类。伴随着延伸过程的进行，我们的承诺和责任会逐渐减少，由强到弱。① 不过，总体而言，您似乎仍以一种开放、友好的姿态来看待沃尔泽。

米勒：的确如此，在推行全球正义的过程中，我们要最大限度地寻找更多的共识，而且我们也有一些基本的共识，比如人们不可能泛泛地谈论"我反对正义"，这很不正常。而人们之所以反对全球正义，我认为，往往是由于两种可能性。一种是种族主义的观点。人们常常会说："我对其他国家人们的遭遇深表同情，但是我不得不先要照顾我们国家的穷人。本国人具有优先性；如果你想要帮助他们，那么找联合国儿童基金会；这不是一种你必须担心的政治责任。"对此，我要说的是，我认为最重要的是要问他们，他们对其同胞的义务来自于哪里。可以想象，有人会说："对一般意义上的人的政治义务和对公民同胞的不一样，因为我们是美国人，很显然美国人首先想到的是美国人，墨西哥人首先想到的是墨西哥人。"

另一种可能性是，人们没有意识到美国到底都做了些什么。比如，许多人死于刚果中东部的战争，但是人们并不知道这是美国帮助建立的卢蒙巴政权的极端暴政的必然结果。对于美国所做的许多糟糕事情，要么被遗忘，要么仅仅被视为错误。又比如，当埃塞俄比亚建立了我们不喜欢的伊斯兰政权时，我们再一次把破坏埃塞俄比亚的和平。而事实很快被掩盖了。第一次海湾战争之后，各大报纸都报道了伊拉克大部分基础设施的毁灭，从而表达了国际上对萨达姆的不满。很快，人们就忘记了曾被报道的事实。因此，我认为更新记忆，回归真实的

---

① Michael Walzer, "Spheres of Affection," in Joshua Cohen and Martha C.Nussbaum（eds.）, *For Love of Country：Debating the Limits of Patriotism*,（Boston：Beacon Press,1996）,p.126.

记忆,真的非常重要。

四、全球正义与中国和平发展

陈文娟:最近您似乎比较关注中国问题,2012 年 1 月—5 月份您在康奈尔大学举办了"中国和平发展的政治和伦理"系列讲座,邀请了包括王济慈、王绍光、林毅夫、陈祖为在内的知名华人学者前来演讲。您可否谈谈中国的和平发展与全球正义之间的关联吗? 我是指,您认为中国的和平发展是借用了现行的尽管有些不正义的全球政治经济框架,还是通过自身的发展改变了全球不正义?

米勒:我不认为中国的和平发展利用了各种世界性组织的资源,相反,中国最突出和最引人注目的地方就在于它的自力更生。世界银行和世界货币基金组织为了帮助各个国家的发展做了很多事情,但中国却与这些援助基本上没有什么关系,中国掌握着自己的前进道路。在开始时,可能经历了一些挫折和自然灾难,但是,中国最终找到了一条非常有特色的道路,并且在某种程度上有助于克服现在的不正义现象。此外,我认为人民币控制使得全球经济系统和贸易系统比以前要更公平。总而言之,中国找到了一条运用国内市场和国际市场的特色之路,并在如此之广大的国度领导和组织市场,有助于克服和减少广义上的不正义。另外,对于全球气候变暖这一目前严峻的全球正义问题,中国在和平发展的过程中必然会进行回应。一方面,中国有应对该严重问题的背景,因为出口导向型增长是相对资本密集型的经济,消耗了许多自然资源,这意味着燃烧更多的碳,排放更多的二氧化碳。另一方面,在减少二氧化碳排放物的公平数量方面,中国似乎愿意承担义务,承诺减少此类排放物。在温室气体排放的问题上,中国不能仅仅屈服于美国。也许公共压力会迫使一些事情发生。中国能够使用它的经济力量使得最终的协议更加公正。我认为,一场真正的全球性社会运动能够对此有所帮助,这可能会把事情推向正义的方向。

陈文娟:前几天,您发给我的那篇文章《后美国时代:中国和平发展的道德挑战》("After The American Century:The Moral Challenge of China's Rise"),其中用大量的数据谈到了中国发展,那么,随着全球经济一体化的发展,这是否意味着美国的权力在逐渐变弱呢?

米勒:我们所谈论的权力指的是,一个国家有能力使其他国家去做它们不愿意做的事情。就这个意义而言,美国权力的衰落是不可避免的。当然,依赖于其经济实力的强大,这种过程的持续时间会很长。迄今为止,美国仍是最大的经济体,是唯一拥有巨大储备货币的国家。但是,中国的 GDP 有望在 2030 年超过美国。现在,人民币不能自由兑换,但是按照其发展的逻辑,中国正走向自由兑换。这可能会花些时间——美国超过英国后,英镑也曾经在几十年中仍是重要的储备货币。不过,美元最终不再会是主导性的储备货币。这将是美国权力衰落的一个重要标志。另一方面,美国的经济权力在萎缩,但是军事权力却在强化。美国军费开支是中国的 6 倍,在世界上 60 多个国家拥有 300 多个军事基地。不过,我认为,总的权力还没有出现下滑。为了应对重大的全球经济衰退,美国希望欧洲有所作为,也许在 20 年前,我们能够强迫欧洲去做某些事情,但现在的美国没有这样的权力。我想,面对中国的和平发展,美国是真的紧张。只要想一想,美国在中国南海的南沙群岛的问题上是多么武断,就能明白这一点。霸权总是喜欢防微杜渐。现在乃至今后,美国对中国的焦虑已经到了疯狂的地步。我认为这种策略的思维方式将主导未来的 25 年或 30 年。

陈文娟:看来,您认为中国在推进温室气体排放、遏制美国权力滥用等全球正义问题上可以有所作为。那么,在何种程度上,中国的经济模式和文化资源将有助于全球正义的建立和实现呢?

米勒:我曾经和一些来自中国的朋友交谈,他们对某些事情的看法存在分歧。有人说,在国与国之间的关系中存在儒学传统。过去,周边国家向中华帝国进贡,立志成为儒家文化圈的一员;现在,中国正在奋发图强,重新成为亚洲的中心,中国文化也可以作为其他东亚国家的文化源泉。陈祖为在谈论国际政治时就持有这一观点,这当然也是 David Kang(南加州大学教授)这个韩裔美国人的观点。但是,王绍光却认为,中国人清楚地知道怎样才是恰当的,他们不需要《论语》来告诉他们所有需要知道的东西。我猜想,王绍光是正确的。我读过《论语》,它充满智慧,但我的确认为,中国正承受着巨大的压力,尤其在获得可靠的自然资源方面,这将使中国卷入美国所控制的世界中。我不认为,这些冲突可以凭借古代的文化模式得到解决。中国也没有要基于《论语》来解决问题,而是基于经济增长。

在文化差异甚大的两个国度之间,比如中国和美国,权力如何和平相处和过渡,从来都是个难题。我认为,如果中国能够使用其日渐上升的权力,研究出一个与美国和平相处、合作共生的转型模式,这将是一个伟大的创新。我不认为,这基于诸如文化这样的事物。我认为,这基于人性和共识。一方面,人们看到了两次世界大战是什么样的,而且核战争也不可想象;另一方面,在我们今天,旅行变得更加便捷,互联网在跨国界领域形成不可思议的网络关系,很多人从遥远的国度来到美国大学,逐渐变成某种新移民……我认为,有些东西你可以从美国获得并带回中国,从而基于相互学习而构建一种联系的纽带。我认为,这才是我们要做的,而不是寻找某种差异性的文化。

陈文娟:非常感谢您所给出的建议。最后一个问题,您对未来的希望是什么?

米勒:也许,全球范围内普遍存在的贫困状况能够彻底终结。尽管存在腐败现象,但中国基本上还是有一个胜任的官员群体(在很多国家却不是这样的)。因此,我并不知道未来会怎样。然而不管怎样,人们之间达成真正的合作,是因为他们愿意基于他们所认为的大致公平——不是绝对公平,而是大致公平——而不是基于他们被迫接受的正义来处理公共问题。我认为,这将是全球生活的一部分。但是,谁知道这一天什么时候到来呢?也许在这个世纪末,世界将会变得平等,也许冲突会变得更加不可思议。想想欧洲,这里仍然有希望的基础,毕竟现在法国和德国之间发生战争是不可想象的。我认为,未来需要比现在更深刻的国际联系。这是希望,这仅仅是希望。这是一个普通的希望,或许也正是你的希望。

多元立场、公民身份与全球视野[*]

【加】威尔·金里卡　卞绍斌

2012 年 6 月,卞绍斌博士在访问加拿大皇后大学哲学系期间,与威尔·金里卡教授围绕当代政治哲学前沿问题进行了深入的对话交流。金里卡认为,在当代政治哲学思潮不断呈现多元立场和多样形态之际,开展沟通理解乃是应对现实问题的重要路径。与此同时,应该运用更为丰富的概念、更为开阔的视野探寻文化公民身份问题,才能恰当应对少数群体权利乃至动物权利的诉求。在充分阐释自由主义核心原则立场的基础上,金里卡坚持一种道德意义上的世界主义,不认同以消解民族国家的自治权为代价寻求全球正义,也不主张以经济效用作为世界主义的首要目标。

一、当代政治哲学的多样性

卞绍斌:金里卡先生,很荣幸再次见到您,非常感谢您在学术休假期间接受我的访谈。我发现您在大学期间最初的专业并不是哲学,那么,您后来是如何对哲学产生兴趣的?

金里卡:欢迎你再次访问加拿大,我也很高兴和来自中国的学者进行交流。在学生阶段,我原先的专业是政治学和经济学,但是教这些学科的大多数老师仅仅致力于阐释政策或经济的结构,并不去评估该结构是否正义。我却一直想弄明白正义的内涵,以及它对我们到底有什么要求,这是我学习的原动力,而只有

---

* 　威尔·金里卡(Will Kymlica),时任加拿大皇后大学哲学系教授;卞绍斌,时任山东大学哲学与社会发展学院副教授。

在哲学系我才能够对这个问题进行深入探究。于是,我很快就转到哲学系继续我的学业。

卞绍斌:但我感觉您原先的学习背景在后来的学术研究中依然起到了重要作用。

金里卡:当然,这是显而易见的。我现在依然和许多政治学系的同行进行广泛而深入的交流,并且和不同国家的政府人员讨论一些具体的政策问题并给出我的建议。我也不满足于以传统哲学的方式来抽象分析问题,而是注重立足政治哲学的视角,以规范性和经验性相互结合的方式考察现实问题。

卞绍斌:在牛津大学学习期间,您师从著名哲学家柯亨(G. A. Cohen)教授,能谈谈他对您的影响吗?

金里卡:无论是在哲学方法上还是具体观点上,柯亨(我们称呼他"杰瑞")对我的影响都是巨大的。在方法上,杰瑞让人印象深刻的是智识上的诚实和正直。在其学术生涯中,他始终不渝地追求真理,这也是他唯一的学术旨趣。他从不隐藏自己论证的弱点,也从不用夸大其词的方式来攻击他人观点来显示自己高明,在他看来,这种所谓的高明在智识上却是低劣的。在这方面,我一直遵循他的教导并以他为典范:真诚地承认自己观点的限度和不足,进而尽力去发现他人观点中有价值之处,而不是消解或嘲弄他人的观点。在具体观点上,杰瑞和我都在寻求相似的目标,那就是找寻一种平等主义的理念,这种平等主义同时能为倡导个人自由和个体责任的自由主义价值保留空间。因而我们也都试图开展社会主义和自由主义两种思想传统的对话、融通,尽管在路径上会有一些不同。

卞绍斌:我感觉柯亨是在几个不同场域中进行学术论争,他既与正统的马克思主义研究路径不同,试图通过吸收自由主义的思想资源来重新阐释马克思主义的精神实质,但是也对罗尔斯和诺齐克(Robert Nozick)为代表的自由主义观点持有非常激烈的批判态度。

金里卡:你说得有道理。我认为柯亨对诺齐克的批判完全是毁灭性的,他彻底拆解了诺齐克的论证。如果读过杰瑞对诺齐克的批判之后,还有人支持后者的话,我认为是不可理解的。而杰瑞对罗尔斯的批判则比较复杂。如果你读过罗尔斯的著作,你会知道罗尔斯的理论依赖一个前提预设,那就是"道德分工"(Moral Division of Labour)。在罗尔斯看来,个体在私人经济行为中应该自由追寻他们的自我利益,而公共体制(罗尔斯所言的"社会基本结构")的任务则是分配资源进而趋向较大程度的平等。杰瑞反对这种"道德分工"论。他认为,如果你真正相信平等原则,那么就应该尽力把这些原则运用到个体行为中,而不仅仅依赖公共体制来寻求平等。我想这是一个难以解决的论题。为什么在私人领域的抉择中我们不应该是一名平等主义者,罗尔斯自己并没有给出一个比较好的说明,但是随后的许多学者对"道德分工"的合理性给出了更为有力的论证。

卞绍斌:听说德沃金(Ronald Dworkin)和拉兹(Joseph Raz)是您博士学位论文答辩委员会成员,他们在扩展和深化罗尔斯的相关论题方面都作出了诸多贡献。在您的相关著作中,也能很明显感受到他们的观点对您的影响。

金里卡:当然。德沃金的观点对我有很大影响,这种影响主要表现在对正义观念的理解方面,特别是他在平等主义的正义理论中对个体责任的强调。很明显,我的大多数论著都是在"资源平等"(Equality of Resources)的德沃金式阐释框架中进行思考的。拉兹对我的影响主要在于他对个体自主性(Individual Autonomy)的阐释。许多人批判自由主义,认为其对自主性的关注是"原子式的"(Atomistic)、"个人主义的"(Individualistic),我从来不认为这是有说服力的批判。但是拉兹认为,自由主义的自主性完全敏感于文化和社群。对自主性价值的这种理解给我提供了一个特别清晰的范例。所以你可以看出来,我对文化和社群在维护个体自主性方面所起作用的阐释很大程度上受惠于拉兹。

卞绍斌:在你的《自由主义、社群与文化》和《当代政治哲学》中,您都试图对马克思主义作出一种自由主义的阐释,这与社群主义的解释路径非常不同。①好像在您心目中,马克思主义的主导观念更接近当代的自由主义。

金里卡:我想,不管是自由主义者还是马克思主义者,都对立于我们可以称之为传统的或保守的社群主义观点,即,认为个体应该被社会同化进而遵从植根于传统和实践的社群。无论是自由主义者还是马克思主义者都认为这些传统大多会遏制个体自由及其创造性。在此意义上,自由主义和马克思主义无疑都是现代性的理论,都致力于把个体性从传统的重负下解放出来。但是与自由主义

---

① Will Kymlicka, *Liberalism, Community, and Culture*, Oxford University Press, 1989, Chapter 6; Will Kymlicka, *Contemporary Political Philosophy: An Introduction*, Oxford University Press, 2002, Chapter 5.

者不同,马克思似乎认为在未来的正义社会里,个人的解放将导向一个和谐的社会,在其中人们的目标和追寻在本质上是契合的。相反,自由主义者却认为,即使在一个正义的社会场景下,个人也将会认可不同的甚至根本冲突的好生活观念。比如,即使在生活机会(Life Chances)没有明显不公的理想化的正义社会里,我们依然可能发现无神论者和宗教信徒的存在,并且他们对于比如儿童的教育或基因增强(Genetic Enhancement)问题都可能持有不同的观点。所以像罗尔斯这样的自由主义者始终坚持一种他所说的现代社会的"多元论事实"(Fact of Pluralism):任何尊重个体自由的社会都将不可避免地包容不同的甚至是冲突的善观念,在生活方式问题上我们无法期望共识与一致。尽管马克思可能并不拒绝这种多元论的事实,但是他却没有提供太多解决这一问题的理论指引。

　　卞绍斌:一般认为,左派更加关注社会不平等,而如罗尔斯这样的自由主义者则主要致力于解决权利、财富和机会在个体间的分配问题。在《左派——自由主义再考察》一文中,您认为左派也需要一种新的正义理论,同时你又试图在自由主义和左派之间搭建对话的桥梁。① 我认为,这种简单划分阵营的方法并不明智,自由主义和左派都能从对方那里学到很多东西,进而互通有无,共同去解决我们面临的实际问题。

　　金里卡:我在那篇文章里正是在找寻它们之间互补的要素。在我看来,无论是社会主义左派还是自由主义左派都面临着同样的任务,那就是如何协调消除不平等与尊重个体选择和责任这两种诉求。在这方面,自由主义和社会主义两种思想传统给出了不同的回应:社会主义左派一直在强调我们需要减少社会不平等,却没有太多涉及个体责任的作用;自由主义传统则一直强调个体责任的重要性,却对于如何消除"非自愿的不平等"语焉不详。显然,在发展一种更完善的正义理论的过程中,我们需要从这两种传统中同时汲取思想资源。

　　卞绍斌:一些学者认为沟通马克思主义与自由主义可能会模糊两者的界限和彼此不同的社会目标,进而削弱两者各自具有的社会变革力度。传统的马克思主义者通常是寄希望于对社会进行彻底的革命或者激进的改革。一旦自由主义原则参与进来,社会变革问题将会异常复杂,变革的速度也必将变得非常

---

　　① Will Kymlicka, "Left-Liberalism Revisited" in Christine Sypnowich ed. *The Egalitarian Conscience*, Oxford University Press, 2006, pp.9-35.

缓慢。

金里卡：在追寻平等的思想进程中融进自由主义原则，将祛除一种社会变革策略，那就是：仅仅通过一个政党以非民主的方式掌控权力来追寻平等，其主要表现为激进的革命或变革。我不认为这是一种可行的方法。任何尊重自由主义原则的平等观念都必须经由自由和开放的论辩，也需要通过时常是缓慢的过程来建立关于正义问题的共识。这一过程当然会减缓社会变革的速度，但是在我看来，这却是进行社会变革的最有效路径。

卞绍斌：一般来说，马克思主义为人类社会提供了一种关于好生活的理想性指引。可是你对马克思的自由主义阐释却认为，对资源的平等分配只是确保剥削关系不会产生，却并不意味着鼓励或强加一种社会主义的生活模式于个体。所以你认为我们应该返回马克思主义的"康德式理路"，在实现资源份额公平平等的前提下，让个体拥有私有财产权并自由确定何种生活值得过。而我觉得，马克思关注的首要问题乃是消除私有财产而不是公平分配财富，最终走向共产主义的社会形态。无论在路径选择上还是目标定位上，这似乎都与自由主义不同。

金里卡：这样讨论"私有财产权"太模糊。我们需要更进一步确认，到底对何种财产拥有何种被承认的权利。在我看来，自由平等主义的正义观主张，国家在调节我们创造的公共益品（Public Goods）中发挥非常积极的作用，诸如如何运行劳动力市场，如何配置和生产自然资源，等等。所有这些都需要对人们如何运用"私有财产"进行限制。另一方面，我也认为，如果个体不能决定处置不同益品，他们就无法实现真正的自主。正是通过对于食物和衣服、房子和家具、书籍和音乐，以及劳动产品等等拥有决定权，我们才能表达并获得我们的身份与目标。所有这些都要求我们拥有"私有财产权"。所以问题的关键不在于我们是否支持私有财产，而在于我们如何采用一种在平等主义政策允许的范围内亦能增进个体自主性的方式来界定私有财产。

卞绍斌：在早期论著中，您针对社群主义对自由主义的批判作出了自己的辩护。我认为这种辩护乃是建立在您不断巩固的、也是独特的自由主义信念，比如"理性的可修正性"（Rational Revisability）和"矫正道德上任意的不平等"（Rectifying Morally Arbitrary Inequalities），这似乎与我们通常对自由主义的看法不同。一般认为，自由主义更加关注个体选择自由。

金里卡：我认为自由主义的形态是多元的，其内涵也是在不断的发展过程中。大体上来说,我为之捍卫的乃是平等主义的自由主义(或曰"左派自由主义")。这一自由主义的核心价值有两点:一是个体自主性。这就是你所指的"理性的可修正性",意思是说,每个人都应该有自由也有能力去批判、反思他们当下坚持的道德观、宗教观和生活目的等。每个人都不可能有一成不变的善观念,国家的作用在于为发展个体的批判反思能力提供可能性,比如通过义务教育和平等分配资源,而不是确立单一的善观念和完美的生活模式。二是个体的责任。不仅包含个体对其选择承担责任(比如在工作还是休闲、储蓄还是消费之间进行抉择),而且包括对由于自然禀赋和社会境况造成的不平等有着清晰的自我反思意识和责任意识,这也与提升良善的公民身份密切相关。

卞绍斌:这的确让人耳目一新。所以大家普遍认为您捍卫并发展了源于罗尔斯和德沃金的自由平等主义思想。同时,你也曾说过自由主义和社群主义应该是朋友而不是敌人。这是否意味着社群主义也能够为自由主义提供有价值的思想资源,而那种把两种思潮简单对立起来的观点也是不合时宜的。

金里卡:确实如此。社群主义者一直坚持认为个体的福祉依赖于他们所处的社会关系和文化境遇的性质。在我看来,社群主义的这一核心诉求显然是对的,对自由主义观念的辩护也必须认真考虑社会关系和文化境遇。我曾试图表明,罗尔斯和德沃金实际上都曾认真对待这些问题,他们的许多文本也证明他们对此论题的关注。所以,那种认为自由主义在某种意义上无视这些重要事实的社群主义观点,本身就是一个错误的指认。然而,我依然要指出,自由主义需要对此事实给出更为清晰和完整的阐释,而且要对危及社会关系和文化境遇的情况进行认真考虑。正如我曾表明的,一些少数族群常常发现,更强大的国家和多数群体的行为会威胁到他们的这些关系和境遇。你会发现,我的许多观点都借鉴了社群主义,尽管在一些基本问题上也存在分歧。

卞绍斌:所以我发现,您的观点不仅与社群主义具有亲和性,这种亲和性在后来关于少数群体权利(Minority Rights)的论证中得到更加深入地阐发,而且也与罗尔斯的一些观点存在差异。比如您并不太认同罗尔斯《政治自由主义》一书完成的思想转向,在此意义上,您更偏向于罗尔斯所界定的"完备的自由主义"(Comprehensive Liberalism)而不是"政治自由主义"(Political Liberalism)。

金里卡:在其后期著作中,罗尔斯希望捍卫一种不诉诸个体自主性的自由主义。我能够理解他这么做的缘由:他是担心,如果诉求自由主义的个体自主性,一些文化保守主义群体会感受到这是对他们的威胁,进而排斥整个自由民主体制。然而,我实在不相信,如果不诉诸自主性的价值还能很好地捍卫自由主义,而且我也已经表明,罗尔斯试图发展一种更具有"政治意蕴"的自由主义概念其实收效甚微——他的论证实际上无法捍卫个体公民自由的优先性,而这是他所认可的自由主义传统的核心价值。

卞绍斌:那么您对于罗尔斯的"权利优先于善"(Priority of Right over Good)以及与此相关的"中立性国家"(Neutral State)的观点是不是也存有异议?这似乎是当代政治哲学依然没有完全解决的问题,而且我感觉两者的内涵如今反而变得越来越模糊了。

金里卡:是的。我觉得这些词汇已经成为许多无休止的纷乱的根源,所以我们最好不去使用它们。我的建议是,我们应该代之以讨论"反完善论国家"(Anti-Perfectionist State)这样的用语,才能真正抓住问题所在。与一些保守主义和社群主义者不同,对于大多数的自由主义者而言,国家是"反完善论的",亦即,国家不必为公民决定何为最值得尊崇或最有价值的好生活观念。自由主义国家的前提是,个人有能力为自己做决定,因而国家的任务就是确保每个人都有公平的份额和机会,每个人可以运用这些资源自己去决定何种目标值得追寻。我认为对国家的"反完善论"的诉求乃是自由主义传统的重要特征,即使它(像政治哲学的大多数论题一样)也存在诸多灰色地带和疑难情形。

卞绍斌:当前,德性伦理学呈现复兴的态势,许多学者都在关注个体德性和共同体价值,进而寻求社会团结和民族融合。但是您似乎并不认同亚里士多德式的德性观念在建构公民身份过程中所具有的内在价值,这似乎与主流的观点有很大差异,您如何看待的德性伦理学(无论是古典的还是现代的)在当代政治哲学论证中的意义和价值。

金里卡:任何政治理论都必须关注公民的气质和禀赋,这也就是你所说的"德性"。比如,公民必须学习对于多样性的宽容,必须考虑他们行为的长远效果,以及依靠他们拥有的财富生活。与其他政治制度一样,自由民主制度与这些德性具有很大依存性,甚至要比其他体制更大。但是自由主义拒绝亚里士多德式的如下观点,亦即政治的首要价值乃是成为德性得以展现的场所。对亚里士多德来说,政治之所以重要,是因为它为个体展现德性提供契机。而对自由主义者来说,政治之所重要乃是为了实现正义,为了实现正义,公民必须具备一定的德性和禀赋。对自由主义者来说,这些德性之所以重要首先是因为他们确保政治能够达至其基本目标,那就是正义。换句话说,德性对我们而言可能只具有工具性价值。我们只要具备达成社会正义的基本政治美德就可以,这些美德并不必然成为构成我们生活意义的根本取向。

二、公民身份的拓展:从少数群体到动物权利

卞绍斌:您一直从自由主义视角捍卫少数群体权利,这与传统的理路(比如社群主义和马克思主义)具有很大不同。促使你从自由主义立场为少数群体权利辩护的原初动机是什么?

金里卡:生长在加拿大,很难避免少数群体权利这一难题,比如法裔加拿大人以及原住民问题,这也构成了我们的政治生活的一个明显特征。但是加拿大也是一个自由民主国家,其1982年制定的《权利和自由宪章》乃是世界上最具有自由色彩的宪章之一。许多评论者认为加拿大在某种程度上无法既支持少数群体权利又主张基本的自由主义个人权利,所以我们需要在上述两种方案之间进行抉择。但是,这种非此即彼的观念在我看来一直是成问题的。为什么一个社会不能既关注少数群体权利同时又主张个体权利,对此我无法找到有说服力的理由。到20世纪80年代我在牛津大学读研究生时,这个问题更加引起我的关注。我记得当时参加了英语世界最为杰出的政治理论家(比如德沃金、卢克斯、柯亨和拉兹)主持的系列讲座,内容主要关注的是分配正义以及自由主义和社群主义之争等。那时我被自由平等主义思潮所深深吸引,而且完全折服于这些思想家对社群主义的批判,我认为他们在捍卫自由主义的自主性和自由平等方面作出了杰出的贡献。但是后来的一件事让我困惑很久,那就是查尔斯·泰勒来参加牛津大学的一个研讨班,并且围绕社群主义做了报告。我对他的观点并不陌生,当泰勒提出只有社群主义才能解决加拿大的魁北克和原住民问题时,我希望在座的自由主义的理论家能够进行有针对性的反驳。但很奇怪的是,德沃金等人却认为,自由主义排除了这种特殊性的群体权利。这让我非常困惑,我试图在自由主义思想史传统中寻找理论资源,但是也非常失望,没有人曾经对此问题作出过清晰的阐释。这也使我认识到自由主义与少数群体权利之间存在的鸿沟需要填补,从而使其相互契合、相互支撑,这也成为后来我的主要研究课题。

卞绍斌:这确实是件非常有意义的工作,您可能是倡导自由主义与少数群体

权利相互衔接的第一人了。但是随着您的研究不断深入,许多人开始担心,少数群体权利保护与最重要的自由主义基本理念(个体自主性)是否真的融贯,特别是这一结合可能会威胁到自由民主体制。这也涉及更进一步的问题,即,我们能否实现自由与共同体价值的有机统一。

金里卡:在我看来,关于少数群体权利影响社会团结的讨论大多数都是思辨式的,而没有建立在实际的证据上。我原则上同意,采纳少数群体权利政策可能会消解信任和团结。但原则上也有同等的可能性,那就是若否认少数群体权利也将会消解信任和团结。我们不能用完全思辨的方法来解决这一难题,而需要更广阔的视界特别是运用经验性的方法去探究。这正是我当前正在进行的研究计划的一部分。与一些社会科学方向的同事一道,我已经在尝试对少数群体权利和文化多元主义政策是否消解团结这一问题进行经验性评估。就目前获得的证据来看,这一忧虑被过分夸大了。

卞绍斌:这确实是一个有启发性的论断,也让我们认识到,对于一些理论或者现实难题,纯粹思辨的哲学研究是不够的,而需要经验的社会科学的参与以及对实质性问题的追问。若缺乏经验性的支撑(虽然经验证明也并不是寻求真理的唯一条件),很多误解或独断就可能产生。比如有这样一种观点,认为人权、自由等观念乃是西方特有的价值,是建立在西方文化传统之上的,这一文化传统与希腊哲学、罗马法、宗教改革与启蒙运动等历史文化实践紧密相关,正是这些独特的西方元素促成了自由、权利观念的形成和完善。我想这也是一个思辨的、非历史的断言。

金里卡:正是如此。说自由民主是西方独有的价值观也是流传很久、很广的误解。说人权是植根于独特的西方传统中,这可能是真实的。但是,说西方传统内部一直存在与人权的尖锐对抗,这一看法也同等真实。毕竟,法西斯主义,或者科学的种族主义和反犹主义也是西方的产物,这些观念都曾被用来证成奴役和大规模杀害有色人种和宗教人士的合法性。在西方历史沿革中,很长时间我们都很难辨别究竟哪种传统会胜出。只有到了第二次世界大战以后,我们才可能说西方真正接受了人权观念,而且这也是通过自觉的政治决策来支持这一观念并与其他传统(比如法西斯主义和种族主义)决裂的结果。因此,所谓"西方传统"其实包含了非常多元甚至是完全对立的内涵。我们现在支持人权,只是因为我们确定这一特定的传统值得尊崇,而其他有同等分量的历史传统不值得因循罢了。在我看来,每个社会都面临同样的选择。所有的社会都有尊重人权的历史传统,同时也有对抗人权的传统。于是我们所有人都面临如下抉择:希望拥护何种文化传统,又希望摒弃何种传统。

卞绍斌:这其实也涉及文化传统与自由主义价值的关系问题。我们一般会说人权、民主等概念都是抽象的、超时空的,如何结合具体的历史文化背景对其进行阐释也是一个迫切需要破解的难题。因为我们不可避免地植根于一定的文化传统和历史实践中,包括共享大体相似的生活方式。同时我们的选择也肯定是在这样的传统和实践中进行的,特别是对于一些宗教社群来说,从观念到生活方式具有非常明显的同质性,如何看待这样的"事实"呢?我知道您也针对这个问题提出了许多非常有见地的概念,比如社会文化(Societal Cultural)和多元文化的公民身份(Multicultural Citizenship)等。

金里卡:这是一个很有意思的问题。我当然不会否认每个人都生活在一定的历史文化实践中,相反,我非常关注"文化公民身份"(Cultural Citizenship)问题。正像我们前面已经谈到的,我认为自由主义一直承认个体幸福依赖于他们所处的社会关系和文化背景,我试图为这一关联提供更为清晰和深入的阐释。在我看来,自由主义始终承认,个体的自主性依赖于完整的文化背景(我称之为"社会文化")。这种社会文化不仅能够为我们提供可供选择的空间和资源,而且也使得这种选择更有意义和价值。同时,文化公民身份也在塑造个体认同和归属感中具有重要意义。我还认为,健康的社会文化依赖于国家的政策。比如,如果公共机构能够使用其语言,一种社会文化将会更有可能繁荣,并且更能够有助于增强其成员的自主性。如果少数群体诉求官方的语言地位这种"集体权利"(Collective Right),则可以更好地保护其社会文化,反过来有助于保持个体成员的自主性。因而这种诉求是值得尊重的。

卞绍斌:在通常观念中,公民身份一般与政治社群密切相关,主要依靠国家的政治、经济和社会力量赋予其内涵并得以持存。当您提出文化公民身份时,似乎更多着眼于特殊群体的权利诉求而不是政治社群层面的功能扩展与深化,这与我原先理解的公民身份概念有很大不同。

金里卡:一般来说,公民身份只是个体与国家之间的形式上的法权关系,我们可以把这种法律关系称为"护照"意义上的公民身份。而我更为感兴趣的是深层的公民身份,即詹姆斯·塔利(James Tully)所言的"公民化"(Citizenization)。这一概念表达的是公民之间或者公民与国家之间的关系,该关系应该建立在自主性和慎议等自由民主的核心价值上,而不是基于强力和家长制之上。大多数情况下,国家都在运用强力和家长制的方式控制少数群体或其他群体(比如妇女、残障人士)。在我看来,这是非常片面的公民身份概念,而全新的公民身份概念将寻求确保我们的社会和政治关系建立在慎议、合作、信任和自主性等核心价值基础之上。除此之外,我还想更进一步扩展公民身份概念的内涵和功能。除了作为政治主体的公民身份内涵,我们可能还要考虑那些无政治参与能力和慎议能力者(比如儿童、残障人士和动物),他们都无法具备罗尔斯式的公共理性或哈贝马斯式的慎议能力,但他们应该是政治社群的一分子,这就赋予了公民身份概念以民族国家(我们都生活在一定国家领土之内)和大众主权(国家属于广大人民)内涵,从而让我们超越传统和流行的公民身份概念,赋予弱势群体(儿童、残障人士等)甚至动物以公民身份,进而考虑他们的权利诉求。

卞绍斌:在最新出版的《动物城邦:关于动物权利的政治理论》一书中,苏(Sue Donaldson)和您提出了思考动物权利问题的新理论进路和实践模式,这一进路不仅与福利主义的、生态主义的动物保护思路不同,也与以前的动物权利论证存在很大差异。你们好像特别关注人对动物的"积极义务"(Positive Duties),并着力从政治关系维度论证动物具有特殊的权利和公民身份。[1] 在政治社群和社会关系的建构中,把动物的成员身份考虑在内并赋予人应具有的积极义务,这确实令人耳目一新。我认为,这对于拓展政治哲学视界也有非常重要的价值。

金里卡:谢谢你的阅读以及美誉,也很高兴你能够关注动物权利问题。我对中国学者这方面的研究成果还不是很熟悉,希望将来能有机会一起探讨。在本书中,我们的目标正是为了超越动物权利论证的传统思路,这些思路聚焦于动物所具有的内在道德地位。特别是近四十年来,我们的论证总是围绕人类对具有内在机能(比如有痛苦的机能)的动物负有何种义务上。这当然是重要的议题,但我们认为,对动物的义务不仅建立在动物具有的内在禀赋上,而且建立在对动物与人类政治社群所具有的关系的本质界定上。我们与家养动物(比如家畜和伙伴动物)的关系就与人类关系具有极大共通性。通过驯养,我们就把动物带入了人类的社群,这也促使我们思考那种包含动物在内的社群所具有的道德意

---

① Sue Donaldson and Will Kymlicka, *Zoopolis*: *A Political Theory of Animal Rights*, Oxford University Press, 2011.

蕴和政治后果。我们特别表明,家养动物乃是我们所处社会中的成员(Members),通过把它们当做当下社会的共同公民(Co-Citizens),我们赋予动物以成员身份(Membership)。当然,把家养动物看做我们共同公民的观点,以及这一观点将会带来哪些明确的意义,需要认真加以思考,也面临很多挑战,这也是我们在该书中着力加以解决的问题。不过,人类与动物之间相互依存和相互合作的一定历史经验已经给人类带来了对于动物这一特殊群体的义务,它们高于或超越于我们根据动物具有的内在禀赋而负有的义务,这是我们称之为"关于动物权利的政治理论"的缘由所在。

三、民族国家问题与世界主义政治

卞绍斌:这可能是一个需要持续开拓的广阔理论空间。对动物权利问题的思考,其实与儿童、残障人士等弱势群体的权利问题息息相关。这让我们再次回到文化公民身份的问题上来。我有些担心,许多提倡社会文化和集体权利的群体很可能借机施行文化保守主义策略而无助于个体自主性。特别是对一些民族和宗教团体来说,它们有着漫长的非自由主义的历史和文化传统。其领导者和精英希望捍卫其独特的文化符号而不是接受自由民主价值。比如他们可能会支持文化相对主义而不认同普遍的人权观念,这就导致少数群体权利和文化公民身份与以个体自主性为核心的自由主义价值依然存在很大距离。

金里卡:文化相对主义与哲学自身一样古老。三千年前古希腊哲学家就在讨论这个问题,我敢肯定三千年后哲学家依然会讨论它。在我看来,文化相对主义观念完全不合理并且是自我挫败的。但是关于这个课题我没有更多新的看法,因为文化相对主义的缺陷已经被讨论了许多年。我只是想再次申明的是,所有的文化都包含着多元甚至是冲突的传统。所以那种认为自由主义民主与某一特殊的文化形态具有内在不一致的看法是无意义的。在一些非西方国家,正如你提到的一些具有很浓厚的保守主义国家,自由民主观念可能会与一个特殊文化形态的特定分支存在不一致,但是并非与其所有文化分支都存在冲突。这同样也适用于西方文化传统。并不是所有的西方文化传统都契合于自由民主观念,而只是在漫长的社会发展历程中,经由持续的激荡甚至冲突,自由民主观念与某一特定的文化传统才胜出,而这一胜利是以否定其他深层文化传统的方式得以实现的。

卞绍斌：但在现实世界中总是有一些群体或民族想维护其文化的本真性和纯粹性，并有意识地排斥自由民主观念。对于这样的价值诉求，您又如何应对呢？

金里卡：我认为这样的诉求同样是不合理的也是没有吸引力的。文化保守主义和传统主义者设定了一种虚幻的无时间性的、本真性的文化实存，但是经验的和理论的研究已经反复表明，传统的文化实践都是经过当下人们的不断再创造以及文化间的交流融合才确立的。而且我认为所谓的本真性和纯粹性往往是一种人类学意义上的天真，这种观念使得我们无需对一定的文化传统实践进行比较、甄别和辩论，无需采用多样性和文化融合的视角来促进文化的更新。文化的杂糅性乃是一个事实，那些试图以保存文化传统和宗教习俗为名来宣扬保守主义理念的倾向，实际上只是满足了一部分领导者和精英的利益诉求。如果让这些诉求神圣不可侵犯，民众就只能承担更多的义务而无法伸张自己的权利，特别是当这种权利以文化保存为名受到侵害之时。而我更为担心的是，文化保守主义的本真性诉求实质上可能是逃避民主慎议的借口，以此来阻止文化交流和对话，从而消解个体权利并维护少数人的权威。

卞绍斌：我注意到，您既对自由民主的前景抱有信心，但是，却反对自由民主国家采用强硬的干涉措施对待非自由主义国家，强迫这些国家接受自由主义的价值观，也反对自由主义的多数群体去压制或者同化非自由主义的少数群体，让他们必须接受自由主义文化。

金里卡：首先我想说明，无论把一个国家还是一种文化划分为自由的（Liberal）与非自由的（Illiberal），这本身就是一种误导。正如我刚才所强调的，每种文化都有不自由的成分，每种文化都有多元的相互冲突的传统，每个自由主义国家都有非自由的历史，自由和非自由可能仅仅是程度的问题，很少有文化是完全自由的文化。自由民主观点的出现实质上是当代的产物，也契合了人类对自身和社会的主流价值诉求。所以，在寻求自由民主的道路上，我们应该抱有足够的宽容和耐心，同时应该预想到这一过程的复杂性。假定一个社会、一种文化传统是非自由的，进而无法进行自我更新，乃是为干涉这一文化群体提供借口。这是种族中心主义的，也是反历史的。对于当代世界的任何一个社会群体，自由主义的改革历程都是未完成的，所以我们不能持有这样的观念，即，只有纯粹自由的民族才值得尊重，而其他的民族则应该被同化。

卞绍斌：如此说来，关于文化多元主义和少数群体权利的论证将不可避免地导向国际关系领域，对许多问题的考察也将越出一国范围而应该具有全球视野。这不仅关乎东西方的文化背景不同，从而对自由民主价值的理解存在差异，更为重要的是少数群体权利的伸张必将需要全球合作与共同策划才能得到很好维护。这似乎也关系到全球正义的新规范基础问题，我注意到您和很多学者都在关注这个问题。在新近出版的《多元文化的奥德赛》①一书中，您以更开阔的视野探寻多元文化的规范基础问题，但是我觉得您似乎比以前多了几分谨慎，少了些许乐观，在关于全球正义问题上您也与其他学者存在很多分歧，有些分歧还是根本性的。

金里卡：是的，我对全球正义的前景并不持特别乐观的态度，这不是因为不同社会之间的"价值取向"存在多元性和差异性，而是因为地缘政治问题依然是国际关系的重要驱动力。我们依然生活在以国与国的边界作为安保线的世界里，并且视国际关系为建立联盟从而对抗当下和未来可见敌人的竞技场。在这样的世界里，其实并没有一个建构国际社群并追寻全球正义的切实希望。以正义为本的诉求（Justice-Based Claims）往往蜕变为关注地缘政治联盟的以安全为本的诉求（Security-Based Claims）。在我关于少数群体权利问题的研究过程中，我就时常发现这样的变化。有时候，非常强势的国家确实表达出对少数群体权利的关注，但却并非基于持续性和原则性的考虑，而是把少数群体权利或多元文化政策视作可资利用的工具去削弱那些对其有威胁的国家的力量。只有在极为特殊的背景下（比如欧盟），真正关注正义问题在国际关系层面才变得重要。在欧盟范围内，因为所有国家都视彼此为盟友，正义才成为可能。在全球层面上达及如此合作形式之前，我们还有很长的路要走。

卞绍斌：这确实是一个非常现实的难题，关于全球正义的诸多理论建构如今往往流于一种非现实性的想象。虽然不能否认有一些卓有成效的行动和制度安排，但是许多国际正义诉求最终沦为利益博弈，成为团结盟友威胁对手的工具。这也让我感觉到在您的论著中，个体自由、少数群体权利、民族认同等概念与世界主义（Cosmopolitanism）观念之间存在一种紧张关系。

金里卡：有三种世界主义的形式：一是道德意义上的，认为我们对每个个体

---

① Will Kymlicka, *Multicultural Odysseys: Navigating the New International Politics of Diversity*, Oxford University Press, 2007. Paperback edition, 2009.

都负有道德义务，无论该个体居于何处；二是政治意义上的，认为应该建立一个全球性的治理机构；三是文化意义上的，认为我们在世界的每个角落都有同等的家园感，而不是分属特定的文化和故土。在我看来，我们应该完全认可道德意义上的世界主义，但是我对政治和文化意义上的世界主义则持有一定的保留意见。因为没有建立全球治理的民主形式，而且我认为权力从一国层面向全球层面流动在很多情况下将会削弱民主价值。至于文化意义上的世界主义，往好了说是一种只适用于世界富人俱乐部中的少部分精英的精神诉求，往坏处说则是一种推行文化帝国主义的借口。所以我的目标是捍卫一种道德上的世界主义，维护所有个体的道德身份，但是依然为国家自治和文化多样性留有空间。这一世界主义构想也能够更好地反对大国沙文主义和文化帝国主义，支持而不是消解不同国家的文化传统和民族认同。在此意义上，民族主义和世界主义就能够共存而不是彼此对立，从而有效防止全球范围内的非正义、不宽容、穷兵黩武和殖民主义等等弊病，而且不同的民族国家能够成为支持世界主义的中坚力量。

卞绍斌：这确实是一个有意义的区分，而且也让我们看到世界主义的多元、复杂的指向。罗尔斯也对一些学者非常热衷的"世界主义"观念保持警惕，所以他才把"万民法"称作"现实的乌托邦"（Realistic Utopia），并且对国际范围内的"分配正义"持有非常消极态度，这种观点后来也遭到其学生托马斯·博格以及其他学者的批评。

金里卡：我认同罗尔斯的有限性分配正义的观点，世界主义在本质上是建立在道德的而不是经济意义上的，我们不应该以全球正义之名把重心放在寻求并达至统一的经济结果上，那样的话将可能否弃国家自治权。自治（Self-Government）乃是正义的重要组成部分，因而应该得到尊重。现存的国际财富分配体制明显是非正义的，由于出生于一个国家而不是另一个国家，许多人就生活在极端的贫困状况下，这一情形当然非常糟糕，因此我们迫切需要一个思考全球不平等和全球贫困问题的新模式。但是正如我刚才所言，在描绘国际正义新架构时，我们必须为国家自治保留空间。不同国家在发展道路的选择，在是否吸纳新移民，在是否鼓励大家庭模式还是倡导小家庭模式等等问题上，都有做不同选择的权利和责任。所以在思考全球正义问题时，国家自治权以及相伴随的责任问题是不能被消解的，只有以此为前提，国际正义问题的解决才有稳固的现实基础而不完全流于乌托邦。

卞绍斌：如此看来，全球正义或世界主义政治需要结合不同民族国家具体的现实发展道路来实施和铺展，而不是消解国家的自治权而强行纳入一个世界主义框架。这一观念与自主性和责任等自由主义的核心价值又是相通的。最后，能否给我们简单介绍一下您近期的研究计划。

金里卡：好的。苏和我将继续关于动物权利的政治理论研究，我们将在纽约和牛津举行的研讨会上提交相关论文，这也是我关于当代政治哲学前沿问题研究的一部分。我认为我们应该对动物权利问题、残障人士以及儿童的权利保护问题进行更为深入的研究，这些问题不解决，我们关于公民身份和共同体美德的思考就是不完全的。这就需要反思、更新传统道德和政治哲学的相关预设。当然，我依然会关注少数群体问题。比如最近我正在进行一个关于阿拉伯世界少数群体权利问题的合作项目研究。关于少数群体权利的普遍原则如何应用于一些具有独特历史的不同地区环境中，这是我非常感兴趣的问题，而阿拉伯世界则是一个非常有吸引力的样本。

中国的政治改革、国际环境及未来[*]

【美】李成　闫健

2013 年 1 月,闫健博士在北京对李成教授进行了专访,双方谈论的话题涉及中国的政治改革、对外政策以及未来发展等问题。李成教授探讨了海外华裔学者以及海外中国研究者所面临的文化多重背景,强调国内外关于中国改革前景和方式的不同观点之间展开理性沟通的必要性。李成认为,评判中国的政治进程与改革,必须首先了解中国的近代历史。中国的政治发展不仅会受到本国内部因素的影响,也受制于当前全球化的国际环境。

闫健:李成教授,您好! 非常高兴能在北京见到您,也十分感谢您专门抽出时间接受专访。我们都知道,20 世纪 90 年代以来,在海外的中国研究领域中,一个突出的现象就是一批华裔学者的崛起。作为一个群体,这些华裔学者不仅给海外的中国研究领域带来新鲜的血液,而且事实上起到了联结海外中国研究与中国大陆的本土研究之间的纽带作用。您如何看待这个现象?

李成:这是一个很有意思的现象。我们这一批人,包括裴敏欣(美国加州克莱蒙特·麦肯纳学院政府学教授)、赵全胜(美利坚大学国际关系学院教授)、唐文芳(爱荷华大学政治学教授)、赵穗生(丹佛大学国际关系学院教授)、吕晓波(哥伦比亚大学政治学教授)以及刘亚伟(卡特中心中国研究主任)等,都是在 20 世纪 80 年代早期来到美国的,当时正值改革开放之初。我们这些人都成长于"文革"时期,经历了现在的年轻人没有经历过的重大变化,比如"文革"给中

---

* 李成,时任美国布鲁金斯学会约翰·桑顿中国中心高级研究员、研究部主任。闫健,时任中央编译局比较政治与经济研究中心副研究员。

国社会带来的惨痛后果、中国向世界的重新开放、中美文化交流的恢复以及中国人文主义思潮的兴起等等。我们就是在这样的背景下来到美国的。

到美国之后,我想很多人和我一样经历了"文化震惊"(Culture Shock),尤其是对中美两国在社会经济发展方面的强烈反差记忆深刻。我记得,我到美国时,刚一下飞机,就被美国发达的高速公路网给惊呆了,而当时我国连一条高速公路也没有。教育方面的反差更是强烈。我1985年到加州大学伯克利分校求学。与美国的很多高校一样,伯克利也是一个学术自由和思想多元的地方,不同的观点和学说都可以在这里交锋共存,其中不乏对美国政治和社会的犀利批评。我记得,伯克利有一个地方叫"人民广场",经常举办一些集会和演讲,给我留下了深刻的印象。

因此,我们这一批从中国大陆出去的学者和1949年之前去美国的中国台湾学者(比如芝加哥大学的邹谠先生)还是存在明显差异的。改革开放之初人文主义思潮的兴起以及前面讲到的"文化震惊"都对我们产生了深刻的影响,我们身上都携带着那个年代的印记。这也意味着,我们对于1949年之后的中国有着更多的了解,毕竟我们在社会主义制度下生活了很多年,对于中国的政治社会变迁有着自己的体验和理解。我们中间还有一些人曾经是"上山下乡"青年,有的人还做过农民,这些经历都是海外其他中国问题研究者所不具备的。这或许可以说是我们这一批人得天独厚的优势。

当然,我们的劣势也很明显。与后来到美国的华裔学者相比,我们一般来说外语水平不高,社会科学的基础也比较欠缺。我们中的很多人原先并不是研究政治也不是研究中国问题的,只是后来转行才开始做中国研究。如果说我们这一批人对中国研究和中西学术交流有所贡献的话,我自己更愿意将它归功于中国本身的和平发展。没有中国的改革开放和经济社会变迁,没有中国国际地位和影响力的提升,就不会有西方社会对于中国的关注兴趣,也不会有"中国热"的出现。我们仅仅是恰好赶上了这样的潮流。从这个意义上讲,我们都是改革开放政策的受益者。

闫健:确实如您所说,成长经历和时代背景在你们这一批人身上留下了深刻的印记。您刚才也说到,中美两国在社会经济发展方面的强烈反差给您当初带来了强烈的"文化震惊"。作为在海外研究中国政治的华裔学者,您又是如何看待中美在政治发展方面的差异,尤其是您如何面对美国人对于中国政治的批评?更进一步,美国人看待中国政治的方式是否会对您的中国研究产生影响?

李成：在海外的中国学者，或多或少都会经历认同危机，这是很自然的事情。实际上，不仅中国人是这样，其他国家的人也一样。在美国学术界有一个很有意思的现象，那就是从俄罗斯出来的学者一般对其母国有着很强烈的反感。但是，在美国的华裔学者很少这样。无论最终是否加入美籍，我们中的大多数人始终保留着中国情结，关心着故土大地的变化与发展，憧憬着国家和人民能有更好的明天。这种情结是深嵌在你的文化和血液中的，这是一种无法割舍的存在。毫无疑问，我们研究中国问题的视角会受到美国社会科学和美国主流舆论的影响，但同样重要的是，我们的研究也体现了中国视角以及自始至终对中国的关怀。这种关怀不仅仅是学术上的，更多地是一种现实的人文关怀。我们关注的大都是中国面临的重大现实问题，比如政治改革、对外关系、环境污染、贫富差距以及社会稳定等。无论我们提出褒奖或是批评，无论我们是乐观或是悲观，我们对中国的关注和热爱以及对美中关系良好发展的愿望不会改变。

闫健：与一般的海外中国研究者相比，你们的研究承载了更多的东西。这不仅仅是由于你对中国有着更深的了解，更在于您刚才提到的，你们的研究渗透着对母国的关注和情结。因此，你们的工作就不仅仅体现为"就事论事"地研究中国，还表现为如何帮助美国人更好地理解中国，影响美国的对华舆论和政策，充当中美之间沟通对话的桥梁。但另一方面，发挥这种桥梁作用，也可能会给你们带来角色冲突。比如，美国人可能会批评你们太"中国化"，而中国人可能会批评你们太"美国化"。这个时候，双方的沟通对话就难免不会出现障碍。

李成：这种角色冲突始终是存在的。其实，对我们而言，不可能坐在书斋里面做中国研究，你必须经常到中国来做调查，观察这里发生的变化，同时还要参加各种学术活动，跟这个领域中的学者（无论是中国人还是美国人）对话交流。只有这样，你才有可能确保自己有关中国的知识和判断没有过时。同样，我们所做的中国研究也不可能只停留在书本上，无论或好或坏，它总是要对现实产生一定的影响。起码就我自己而言，这似乎是无法选择的事情。我在布鲁金斯学会这样的智库工作，有很多的机会跟中美双方的官员和学者进行交流，因而我的研究自然而然会对这些人、进而对现实产生一些影响。但是，另一方面，这又可以说是我主动选择的结果。我时常发现，在中美政治和知识精英的沟通和交流中，存在着各种各样的误解，这些误解对于中美关系的健康发展乃至中国和平发展的前景都造成了障碍。消除这些误解对中美双方都有好处，这也正是我致力于推动的事情。

你提到的这种角色冲突是存在的，尤其是当你面临一些极端主义观点时。一种极端主义观点完全从西方的眼光看待中国，认为中国应当完全照搬西方的政治模式，并由此对中国指手画脚，其结果往往是适得其反。另一种极端主义观点则完全否定人类存在一些普遍价值，否认各国政治、经济和社会模式上存在共同性。这种观点完全无视中国改革开放以来对其他国家的学习和借鉴，否认各国之间沟通对话的可能性和可取性，在实践上也是相当有害的。中共十八大报告指出，要倡导"自由、平等、公正、法治"等核心价值观念，正是对这种极端主义观点最好的回击。

但是，必须指出的是，无论是在美国还是中国，持上述极端主义观点的人毕竟是极少数。大多数中国人和美国人还是能够以平和的心态看待彼此的分歧。这也是中国改革开放能够取得巨大成就以及我对中美关系的未来充满信心的一个原因。

闫健：其实，分歧并不可怕，最可怕的是失去宽容和理性。在我看来，您刚才提到的第二种极端主义观点也正是同样心态的产物，它是以反对外国的"民族形象"表现出来的，因而看起来似乎更理直气壮些。其实，从本质上讲，两种极端主义观点是极其相似的，都反映了人在面对不同意见时的不自信。自信的人原本是不害怕批评和争论的。

李成：你的见解很有道理。很多西方人对中国的批评其实是善意的。在美国，很少有人要求中国完全照搬美国的制度，也很少有人期待中国的转型明天就能实现。大多数美国的政治和知识精英是清楚这种转型的困难和现实风险的，他们也理解中国领导人的处境，同时对于中国的历史和文化传统有着比过去更强的敏感性。他们相信，随着中国经济社会发展和国际地位的提高，中国人民能够建立一种既有中国特色、又体现人类政治文明发展方向的政治体制。在美国有句名言："人们对正义的固有认知使民主成为可能，而人们非正义的倾向使民主成为必要。"大多数美国人相信中国能够成为公认的民主法治国家，这实际上体现了对中国人民的敬意而不是相反。事实上，在西方，最敌视中国的往往是那些认为中国人不配享受人类政治文明成果的人。

因此，部分国人将西方人的批评意见一概解读为"敌意"或"不敬"，实在是一种误解，这对于中西方之间的沟通和对话是极其有害的。事实上，过去几十年的改革开放过程也正是中国与西方相互学习交流的过程。例如，中国的社会科学的学科重建，就受到了西方学界的重要影响，而中国的社会科学的真正繁盛，也必须同时以本土化和全球化为其前进方向，缺一不可。尤其是，随着科技革命的来临和全球变暖、生态保护等全球性问题的凸显，中西方之间存在着更大的沟通对话的现实需求，而这种沟通对话的实现，要求对话的双方都保持宽容和理性。

闫健：我同意您的看法。在全球化的今天，中西方之间的沟通对话似乎比以往更为重要和紧迫。先不说全球变暖等全球性问题的解决需要中西方之间的合作，其实，中国自身的健康发展更是离不开这种沟通对话——无论如何，中国的和平发展需要一个良好的国际环境。而没有中西方之间有效的沟通对话，良好的国际环境是不可能实现的。但是，我发现，这种沟通对话的深度还远远不够。2012 年 12 月，中央编译局接待了来访的美国黑人媒体人士代表团。在交流中，我就发现，他们对中国的了解非常表层化。

李成：这确实是一个很严峻的问题。沟通对话的前提是彼此都了解，但起码从美国公众这个层面来讲，对中国的了解还是很不够的。这显然与一些美国人的"简单化"思维是直接相关的。长期以来，很多美国人不仅将"美国式民主制度"看做是全球民主制度的典范，而且还相信，民主制度的实现并不会太费周折。例如，很多人天真地认为，只要推翻伊拉克和阿富汗的独裁政权，民主制度便会在这些地方自动生根发芽。然而，事实证明并非如此简单。民主制度的有效运转需要一些前提条件，但是很少有美国人去认真思考这个问题，因为这些条件对于"得天独厚"的美国来说从来都不成为问题。事实上，世界上许多国家的民主转型和巩固过程不顺利，恰恰是因为缺乏这些前提条件。在这方面，美国人确实缺乏一定的敏感性。

闫健：在我看来，美国人尤其缺乏对中国近代史的了解。很多美国学者对中国的研究，往往缺乏对中国历史的观照，很容易切断中国自身发展的连续性。例如，如果不理解 20 世纪上半叶中国的几次革命，我们就很难理解 1949 年之后中国政治的演进轨迹。我同意邹谠先生的说法，20 世纪中国革命是对中国社会总体危机的反应。辛亥革命后，中国人也曾有过各种民主实践，但在"救亡图存"的历史重任面前，这些实践都失败了。精英和民众由此变得越来越激进。对于后来中国政治的演进而言，这些历史记忆的影响是很深刻的。

李成：确实如此，20 世纪的中国革命决定性地影响了中国历史的进程。在我看来，这些革命都是中国社会矛盾激化的结果，在当时的历史情境下，是很难避免的。有一些人倾向于从现在的现实出发否定这些革命的可取性,我认为是很不适当的,因为这会忽视政治精英当时面临的结构压力,他们可能并没有更好的选择。现在看来可行的选择在当时很可能是不存在的。"反事实推理"或许能够拓展我们对历史的想象空间,但是,历史既无法重来,也是不能被假设的。

与之相比,在革命结束后,政治精英在政治制度构建方面的选择范围无疑要大得多。这种选择不仅体现了政治精英的智慧,同时,它也直接决定了革命后社会的重建和发展轨迹。例如,已故的华裔学者杨小凯就认为,辛亥革命之后,君主立宪制可能对中国而言是一个更好的选择。在他看来,这个选择的现实基础在当时是存在的。再如,1949 年之后,执政党花了 30 年的时间才明白自身从革命党向执政党转型的必要性,而在这个过程中,中国社会付出了沉重的代价。换言之,在政治精英有选择余地的时候,他们自身的价值倾向、认知能力和政治智慧就会对国家的发展方向产生极为重要的影响。

我始终认为,"革命"是一种极端情境下"不得已而为之的"手段,或者说,它是最后的手段,是没有办法的办法。革命当然是解决社会矛盾的一种选择,但是它带来的社会代价是极大的。20 世纪的中国历史已经证明了这一点,在此我无需多言。在正常情况下,社会的进步都是文明累积的结果,这就需要一个公正透明的规则体系,为所有个体提供社会流动的平等机会。在现代社会,民主和法治是构建公正透明规则体系的必然选择。

我认为,20 世纪中国革命的一个问题就是,取得政权的人和失去政权的人都不知道如何妥协。这是我们民族必须汲取的一个教训。无论是政治精英还是普通民众,学习如何妥协都是一个亟待引起重视的问题。在今日的中国,如果任凭各种极端化的思潮甚嚣尘上,那么任何严肃的争论以及共识的达成就会很困难。在这种情况下,我们很难保证未来的精英替换能通过制度化的机制完成。因此,公民价值观的塑造是极为重要的。这需要时间,更需要法治的支撑。从这个意义上讲,我更愿意将现代政治看做是法治基础上的妥协艺术。

闫健:我同意您的看法。革命并非人类社会发展的常态,它或许能打破一个旧世界,但却无法充分建立一个新世界。任何革命后的社会,都存在"娜拉走后怎么办"的问题。

李成:其实,在世界上任何地方,民主法治的建立和巩固都绝非易事。你可以说西欧历史上有着非常深厚的民主法治传统,但即便如此,现代民主法治在西欧的建立也用了好几百年的时间,这期间也经历了无数的战争和社会动荡。

但是，这就是历史带给中国共产党的重任，这是无法逃避的。习近平主席最近谈到"中国梦"，并将"中国梦"归结为"中华民族的伟大复兴"。我认为，这其中就应该包含着对中国人民民主和法治的追求与体认。正因如此，"中国共产党的领导地位是历史形成的"。

闫健：问题在于，抛开某些极端主义观点不谈，即便人们对于民主法治的目标存在基本共识，但在民主法治的具体实现途径上，人们可能依旧存在尖锐的分歧。

李成：应当说，各国通向民主法治的道路是多元的，这要取决于各个国家具体的历史情境。执政党自身是中国政治发展进程中尤为关键的变量。正因如此，我始终认为，中国的政治发展将以执政党的改革和转型为核心和前提条件。

事实上，改革开放以来，中国政治领域的进步始终围绕党的转型而展开。有些改革，比如党内的任期制和任职年龄限制，代表了党自身对权力行使方式的调整。有些改革，比如村民选举和人大制度改革，则是在党的支持或至少允许的情况下发生的。

但是，在这里我想强调的是，即便面临着某些结构性的困难，政治精英仍旧能对中国政治的未来发展产生深刻影响。尤其是，当政治精英拥有选择余地时，这种影响就会是决定性的。近代以来，中国的政治发展失去了很多机会，重要原因之一便是当时的政治精英缺乏政治远见和决断力。

中国发展到今天是极其不易的。面临各种社会矛盾和治理危机，执政党必须坚定推进以民主和法治为主要内容的政治改革，否则，很多深层次问题可能会积重难返。我始终认为，中国由执政党主导的政治改革应当是一种"可控的"政治改革，因为这是一条代价最小的道路。从政治改革的次序上讲，我认为，执政党的改革应当是中国政治改革的核心内容，因为只有执政党按照民主法治原则改造自身，现存整个政治体系的民主法治才有可能。同时，政治发展的各个维度是彼此联结和支撑的，而在当下中国，推动法治显得尤为紧迫。没有法治，整个社会，包括政治精英，都不会有安全感。

闫健：我们也看到，中国的政治发展前景不仅受到本国内部因素的影响，也受制于中国所处的国际环境。无论如何，中国的政治发展都需要一个良好的外部环境。但是，环顾现今，中国的外部环境很难说得上是良好，尤其是中国近期与日本在钓鱼岛争端上的紧张态势，极大地催发了国内的民族主义情绪。我最近看到,已经有学者发出呼吁,要警惕日本打断中国第三次现代化进程。

李成:是的,一国的国内政治当然要受到其所处的国际环境的影响。但我更倾向于将这种关系看做是双向的:不仅国内政治受到国际环境的影响,反过来讲,一国所处的国际环境也要受到其国内政治的影响。它们之间应当是一种互动关系。近代以来,由于中国积贫积弱,外部势力对于中国国内政治的影响看起来要大得多,尤其是日本侵华战争从根本上改变了中国的政治发展进程。

日本有些政客挑起这些事端,一方面是由于他们对中国的了解有限,无法从宏观上把握中国的反应,另一方面,这也反映了日本的国民心态出了问题。很多日本政客不愿意看到日本失去东亚的主导权,认为中国目前的状况对于日本来说是个机会,便企图以日美关系来要挟中国。在我看来,这并非是一个明智的策略,它可能会带来适得其反的后果。

有些西方人说,中国的领导人在利用国内的民族主义情绪转移民众的视线,我认为这完全是一种误读。战争的高风险、不确定性及其带来的一国社会内部的"应激反应",将会对中国的政治发展进程产生深远影响,有可能使中国再次丧失政治发展的机会之门。不仅如此,中日间的冲突也会带来深远的全球影响,这是毋庸置疑的事情。正因如此,中日双方的领导人都要冷静处理彼此的分歧,防止事态失去控制。对于中国领导人而言,维护主权的决心与解决问题的灵活性应当是同等重要的。这并不是很容易,需要高超的政治智慧和政治艺术。

闫健:说到中国政治改革的外部环境,就不能不提美国。"在全世界推进民主"是美国外交政策的核心内容之一。最近,何包钢教授在《华盛顿季刊》的一篇文章中指出,从中国政治发展的现实情况看,美国"推进民主"的政策常常带来适得其反的效果。您如何看待这个问题?

李成:何包钢教授的文章的确指出了一些事实。如他所言,"在全世界推进民主"是美国外交政策的核心内容之一,这奠基于美国的核心价值观之上,在可见的未来都不会发生改变。问题就在于,美国"推进民主"的政策是否真的"推进了"民主。在何包钢教授看来,无论其是否出于善意,美国"推进民主"的政策在中国往往产生了适得其反的后果,引起了政治精英和普通民众的猜疑和反感。这其中既有美国自身政策的原因,也有中国内部不同政治力量角力的原因。但是,无论如何,很多中国人相信美国在遏制中国,这就说明美国的对华政策并不是很成功。

但我要强调自由、民主、法治等理念是人类共同的文明财富,当然值得全世界的国家和人民去追求。美国的外交政策不应该背离这一基石。问题在于,美国应该更多地分享自己的经验教训,而不应该对其他国家的选择指手画脚,更不能代替其他国家做选择,定时间表。每个国家都有自己特殊的国情,它们迈向民主法治的道路各不相同,民主法治在不同国家的实现形式也迥然各异。我前面已经谈到,美国人现在对于中国的历史和文化传统有着比过去更强的敏感性,但是其思维方式的转变还需要一个很长的过程。

闫健:从某种意义上讲,中美关系的态势构成了中国政治改革最为重要的外部环境。我现在再回到前面的那个重要问题,即,如何能够加深美国社会对中国的了解,进而避免一些不必要的误解?

李成:过去几十年,中国无疑在进行各种政治改革,但是美国普通民众却看不到这一点,因为他们所能接触到的有关中国的信息都来源于媒体的负面报道。政治改革是一个循序渐进的过程,因此,它带来的政治变化只能是局部的和缓慢的。很多美国人希望中国能发生一些宏观层面的政治变化,但这无疑需要耐心和时间。

近年来,中国加强了对美国国会和政府部门的游说,取得了一些成绩,但美中关系的障碍依然很严峻。现在,很多美国的很多利益集团攻击中国,金融集团对华态度摇摆不定。唯一积极的迹象是美国的州政府和市政府更加重视中国发展所带来的机会。我认为,长远看来,这有可能改善美国国内的对华舆论态度,因为美国的参议院和众议院都要受到地方利益的强烈影响,而这无疑需要时间。当然,中国现在的游说方式还主要体现在"利益诱导"方面,今后的游说工作也许要更多致力于"价值诱导"。因为只有别人认同你的价值理念,这样的游说才是真正有力的。只要是中国实实在在的进步,世界迟早会刮目相看。

II. 公共生活与政治哲学

政治哲学研究:历史、现在与未来[*]

万俊人　李义天

2007 年 10 月,李义天博士在北京对万俊人教授进行了专访,就政治哲学研究的思想进程、发展现状和未来趋势,以及政治哲学对于当代中国的现实意义进行了深入探讨。作为一门古老的学问,政治哲学是人类对公共政治生活进行哲学反思的知识成果。随着现代社会结构的日益公共化,政治哲学的地位更加突出,讨论的主题更加丰富,研究范式有所变化,在当代思想界形成了多元共进的发展趋势,对中国的社会现实亦带来重要的影响和借鉴意义。

一、现代社会结构的公共转型与哲学研究的主题转变

李义天:万老师,您好! 这次想就政治哲学研究的一些话题向您请教,主要出于两个原因:一是近年来政治哲学的研究热潮方兴未艾。这股热潮不仅流行于国外学界,而且深深影响到中国学者的思考方向。这使我很有兴趣想知道,为什么会出现这一情况? 政治哲学研究成为全球现象,这意味着什么? 另一个原因是,据我所知,2007 年 10 月 26 日至 28 日清华哲学系主办了一次以"公共理性与和谐社会:跨文化视野中政治哲学的未来"为主题的政治哲学会议,邀请了众多国内外知名学者,如迈克尔·沃尔泽、斯蒂文·马西多(Steven Macedo)、托马斯·博格等,而菲利普·帕蒂特(Philip Pettit)、杜维明和李强等学者也提交了论文或作为评论者出席。对此,我所关心的是,为什么此次会议会定下这样的主

　万俊人,时任清华大学哲学系主任、教授、博导。李义天,时任中央编译局中国现实问题研究中心助理研究员。

题？该主题同政治哲学研究的全球热潮之间有怎样的呼应和关联？

万俊人：这次会议的缘起，最早出于我 2005—2006 年在哈佛大学做富布赖特访问学者时所研究的课题，即"如何为公民权利之于政治权力的优先性辩护？"（*How to Defend the Priority of Civil Rights over Political Power?*）。这是我本人的学术兴趣、哲学系的学科方向和富布赖特基金会课题的一次结合。你知道，我主要从事伦理学研究。而我对现代道德伦理的定位是"顶天立地"。我所谓的"天"是指"宗教"，所谓"地"是指"法律和政治"。

我的一个基本判断是：现代社会公共化程度日益提高，因而现代社会的道德状况和传统社会很不一样。后者更多依赖传统的文化环境和道德主体的道德自觉与养成。而现代社会，就像哈贝马斯所说，出现了社会结构的公共化转型。公共化转型的一个前提条件是，公共生活与私人生活的界限明晰化。这个界限越明晰，意味着社会的公共化程度越高；公共化程度越高，意味着公共领域的扩大。

什么叫"公共领域"？对此，我喜欢引用费孝通先生的说法，所谓"公共领域"就是"陌生人领域"，"私人领域"就是"熟人领域"。后者包括家庭、邻里、朋友等，而前者没有这种天然的地缘联系或自然的亲缘联系。费孝通先生指出，私人领域中存在特殊的社会关系网络和交往结构，私人领域的信誉度可能高于其他领域。比如，熟人间借钱，"说一声就行了"。可见，所谓"私人领域信誉度高"，是指能省去很多制度中介的麻烦，交易成本更低。这种信誉度自有其权威性；因为如果你不讲信用的话，今后便难以在这个圈子里混下去。

然而，陌生人领域就不能这样了，它必须借助制度和规则。因为该领域既属于所有人，但同时又不属于任何人；陌生人会给我们带来不透明和不确定的感受。因此，我们只有依靠稳定、明确的制度规范，才能保证我们在同陌生人打交道时获得公正和透明的相互对待。如此看来，我们甚至可以说，在现代社会里，一个人从上幼儿园开始就进入到公共领域/陌生人领域当中了。从幼儿园一直到退休，由于现代人的职业特征和公共领域的发达，他们的绝大部分时间都是在公共领域中度过。因此，现代社会的公共制度体系就显得越来越重要！法律、政治或公共管理成为使人在陌生人领域中进行交往得以可能的社会基础。

在此情况下，现代社会的道德也出现了相应的转型。这也是传统社会的道德在现代所面临的一个最为严峻的挑战。现代的道德，我之所以把它定位为"顶天立地"，就是说它既需要得到社会政治和法律体系的基础支撑，同时又意味着，它要处理政治和法律所无法处理的生活领域及其相关问题。然而，即便在有政治、法律等公共规则约束的地方，仍存在一个问题，即：人们如何或者在多大程度上能够承诺对于公共规则的遵守？正如麦金太尔所言，对一个无赖或毫无正直品性的人来说，正义的规则等于零。这便是道德所要探究的课题。而对于道德也无法处理的问题，比如说终极关怀的信仰层面，甚至某些"乌托邦"的问题（比如社会前途、个人的命运前途），则需要借助宗教。因为这些问题涉及人的信念或信仰，当伦理学试图理解这些问题时，它会发现有些东西是伦理学作为一种理论或一种科学所难以解释的。因此，健康的宗教，也是现代社会所必需的一项文化资源。这就是我把现代的伦理道德定位为"顶天立地"的基本含义。

基于这样的理解，我认为，现代伦理学（道德哲学）的建设就不能孤立自足地发展，而必须得到邻近学科的支持。所以，无论宗教哲学还是政治哲学，都需要伦理学研究者去关注。这也是当代的伦理学研究之所以会拓展到政治哲学研究的一个重要原因。除了 1993—1994 年我在哈佛访问时受罗尔斯的影响之外，罗尔斯本人从《正义论》到政治哲学的转向，也使我感觉到现代伦理学对于政治哲学一种基础依赖性。因此，我们如果想要把现代的伦理学建设得更为强大，就必须给它安上两个翅膀：宗教哲学和政治哲学。而我自己的研究也一直在朝着这个方向探索。第一次哈佛访学归来以后，我就一直关心并用力于政治哲学的研究。

李义天：我想，是否可以这样来理解您的意思——伦理学从一开始便是关照与呵护人的生活的。当苏格拉底开始伦理学的哲学追问时，他提出的问题就是："如何使人的生活值得一过？"因此从这个意义上讲，伦理学研究会以什么为主题、表现出什么形态，这都要以伦理生活本身的主题和样式为准。只不过，由于我们的生活已发生变迁，不再是局限于某一地点或族群的、以家庭为主要场所的传统生活，而是公共化程度越来越高的生活，每个人更多是通过在公共领域中同其他人打交道而度过一生，因此，伦理学就要相应地调正自己的聚焦点和兴奋点，深入讨论如何面对公共生活，如何使公共生活变得更规范或更值得一过等问题。这便是当代伦理学会将其主攻方向转向政治哲学研究的一个原因，亦即来自伦理生活本身的事实原因。

万俊人：对，这里涉及两个问题。一个是伦理学自身的转型；另一个是政治哲学的凸显。

当代社会生活的公共化转型是一个事实，作为事实的前提是不可改变的。马克思也说过，理论从实践中来并反作用于实践，否则理论便会失去意义。所以，伦理学的生活主题变化了，现代人和现代社会的伦理生活自身变化了，伦理学的理论研究也就必须发生相应的变化。在某种意义上说，当代伦理学的确发生着从个体美德伦理向普遍有效的社会(公共)规范伦理的转变。

另一个方面就是政治哲学本身。伦理学虽然在扩展，但它毕竟不能完全处理由公共生活转型所引发的所有主题，比如制度、公共管理、政府官员的问题。刚才我们说伦理学"顶天立地"，这意味着它需要同政治理论在哲学层面上有一个紧密的结合，才能解决好上述问题。因此，这就需要有专门的政治哲学研究领域。而且，这里还有一个大的背景：在我们的哲学学科体系中是没有政治哲学的学科设置的，可是，不论从中国哲学还是西方哲学的发展史来看，政治哲学都是哲学的一个不可省略的部分，一个主要的学科分支。关于这一点，我们待会儿在梳理政治哲学的研究谱系时，就可以看得出来。

李义天：由此看来，研究政治哲学既是伦理生活公共化的必然结果，也是伦理学在现代转型过程中的必经阶段，更是学界在调整和完善哲学学科体系建设的积极尝试。那么，在这个背景下所进行的政治哲学研究的各种主题，是否反映了学界对现代生活及其规范性的某些关键因素的重视？中国学者的政治哲学研究，包括本次会议在内，其所关注的那些主题是否意味着国内学界的某种判断和理解？

万俊人：大致是这样的。当我 2005—2006 年再次赴哈佛访学时，更深刻而强烈地感受到了这一点：我们的确需要对政治哲学进行专门的研究。我的目的是推动政治哲学在中国哲学学科体系中的独立、完善和快速发展。我认为，我们的哲学学科设置中没有政治哲学，是一个重大的缺陷。这是我的一个判断。而这次会议的召开也是为了推进这方面的研究。

关于主题，我们考虑过很多。在《正义论》中，罗尔斯把正义看做社会基本制度的第一美德。正义在政治哲学中是一个核心概念，公正的秩序或者说稳定性对政治(哲学)来说具有头等的重要性。而为了实现一个正义的政治社会，罗尔斯在《政治自由主义》里提出"公共理性"的概念。结合中国的现实而言，我们提出中国特色社会主义政治文明建设的根本目标，即建设一个和谐的现代社会，其基础就在于公共理性。因为在现代政治全球化的前提下，国家作为一个政治概念的意义愈加凸显，民族国家的意识非但没有降低，反而越来越强。一旦涉及国家主权的问题、涉及民族国家这个概念的完整性时，人们的正义是不可让渡的。公共理性的认同就是国家公民的政治认同，它是整个国家的政治意愿的基础，也恰是建设和谐社会的基点。因此我们最终决定"公共理性和和谐社会"成为本次大会的主题。

二、政治哲学的谱系与内涵

李义天：按您刚才的说法，政治哲学是否更应属于哲学的分支而不是政治学的分支？我想，我们需要从关注会议拓展到对"政治哲学"概念本身的把握。因为我注意到，目前在"政治哲学"（political philosophy）领域内的讨论类似于过去"政治学"（politics）的讨论：无论什么东西，只要跟"政治"沾边，就被放进来。因此，我们有必要对"政治哲学"进行一番清理，以确定它的界限和基本内涵。

万俊人：我想，这需要谈谈政治哲学在历史上的脉络和谱系才行。在西方，柏拉图的哲学在追求绝对理念的过程中，善成为终极理念。柏拉图的哲学从来不是一种纯粹形而上的宇宙论或自然哲学。恰恰相反，从苏格拉底开始，哲学开始转向人的生活世界。我们从苏格拉底的审判中就可以看出他对人的生活世界的重视程度：为什么面临错误的死刑而不逃走？就是因为他看重雅典的公共规则：尽管审判是错误的，然而遵守城邦的政治规则具有头等的重要性。如果每个人在这种情况下都逃走，那么整个城邦的公共体系就会崩溃，所以这一审判的政治哲学意味丝毫不弱于它的伦理意味。而亚里士多德认为，政治学关注城邦的大善，伦理学关注个人的小善，因此就像城邦高于个人一样，政治学高于伦理学。当然，他的政治学其实就是政治哲学，因为其中所讨论的问题不是公共行政的问题，而是政治哲学的最基本问题，比如正义的定义和类型问题。

到了中世纪，奥古斯丁作为教父哲学家的最卓越代表，最重要的著作却是《上帝之城》！这部作品探讨天国世界和尘世世界的关系。而在阿奎那那里，除了神学论证以外，他花力最多的还是政治问题，比如说自然法和权利、神的法与人的法之间的关系问题。只不过这一切都经由神学的表达方式表达出来。

李义天：换句话说，中世纪最杰出的思想者的作品，是通过引进一个至高无上的"神"来论证，如何使人间秩序获得合法性和规范性。

万俊人：对！在神学思想家眼里，世俗秩序只不过是天国秩序的一个翻版，神学的律法主义始终是世俗政治和伦理的终极原型。

经过近代的宗教改革以后，欧洲才有所谓"政教分离"。这是近代政治哲学得以产生和兴盛的一个主要动力。从霍布斯以降，政治哲学便开始探讨人类为什么建立国家以及如何建立国家，也就是人类的政治生活（国家组织）如何可能？实际上，这就要求用一种世俗的理论或在世俗的语境下完成对政治哲学的建构。亦即，没有神了，我们如何组织和安排我们的社会政治生活？

关于第一个问题，霍布斯解释了为什么国家是必要的，人类建立国家的强大动力在哪里。摆脱孤独、追求幸福，这是人两个最本真的目的。霍布斯的社会契约论揭示了一个基本问题，即：人们孤独地生活所带来的安全感幸福，远远不及以社会的方式生活所带来的安全感和幸福。因为单个人的能力非常有限。孤独的人会面临各种风险。风险迫使他作出选择，去找到一个可以摆脱这种孤独、恐惧和尽可能降低风险的方式来生存——这就是组织社会和国家。走进社会以后才有社会分工的出现，然后才有人与人之间的相互交换。这种生活状态比孤独生活的状态更有效、更便利也更好。人类的历史经验证明，组建社会或者国家可以获得更高程度的安宁和更高程度的幸福。

李义天：然而，采取这种解释，显然会令近代政治哲学带有一种目的论色彩。

万俊人：在近现代政治哲学中，国家的起源都是按照目的论来设想和塑造的。但这还不是近现代政治哲学的关键，其关键在于第二个问题，即，人类在世俗世界中如何建立国家。个人组建社会时必须让渡一部分自己的权利，组成公共权力。但让渡出去的权利不可收回。这样，公共权力一旦形成，就成了一种强大的（相对于个人权利）公共力量。这种力量如不加以限制，就可能反过来危害到它得以形成的个人权利。所以，公共权力及其合法运用就成了近代政治哲学的关键性主题。因此，后来才有洛克的政府理论和孟德斯鸠的"三权分立说"。他俩的思路是一样的，都是对公共权力采取分而治之的思路。分而治之的好处是把一切都变成可控的。从霍布斯、洛克、孟德斯鸠一直到功利主义都是这个思路。

李义天：这个时期的政治哲学主题是不是和古希腊时期不一样了？前者侧重于"对公民说点什么"，更多地考虑公民的积极发展（积极自由），考虑如何通过做一个好公民而建立一个好政府；而近现代政治哲学则侧重于"对政府说点什么"，更多地思考如何限定政府的权力和职能，从而反过来护卫公民（的消极自由）。

万俊人：一方面是这样的。拿"民主"范畴来说，古希腊就有了民主的观念，但他们的民主更多是有限民主。这一方面因为他们的"公民资格"比较狭隘，希腊居民并不都具有公民的资格；另一方面则因为，他们所关注的重点在于，最好的治理方式是怎样的、哪些人最有能力适合于并实施这种制度。因此，这是一种精英主义的政治。精英的统治和普遍的民主就有可能产生矛盾。精英政治在何种程度上能反映民主，只能取决于精英自身的政治选择和政治智慧。

人们往往把民主理解得很狭窄，认为它是一种政治制度。其实不对。民主首先是一种精神、一种政治哲学的精神。民主的本义就是主权在民，一切权力属于人民，人民当家作主。主权在民是指一切权力来源于公民的政治认同和政治委托，是人民赋予的，尽管不是他们直接行使的，因而权力行使的目的也是服务人民。所以，现代的民主更多地不是考虑怎样实现最完美的公共权力，而是公共权力应该如何得到公正而有效的管理与运用。

李义天：古希腊的政治哲学之所以会"对公民说很多话"，似乎在于他们相信，通过发展公民的积极自由而得到的民主能带来一种好的公权力。而不像近现代人那样认为，即便充分民选的政府也有可能犯错误，所以，"限制或管理政府"成为近现代政治哲学中民主理论的一个主题。

万俊人：对。好的公权力从古至今始终是人们的一种政治期待，问题是人们怎么理解"好的公权力"。古希腊人明确寄托于一些群体或者特定的个人。中国也有类似的"圣贤"理想。然而近现代以来，人们认为这样观点的偶然性太大，不能完全寄托于"明君"和"圣贤"，万一遇到个伪君子甚至恶棍怎么办？尤其是20世纪有一个非常坏的典范：希特勒就是通过民主的方式获取政治权力的。从政治学的角度说，他的政治权力获取在法律上是合法的，但从政治哲学的角度说，你不能承认他的政治权力及其行使在政治伦理和道义上是正当的。在这种情况下，第二次世界大战以后的民主理论和政治制度就需要发展。罗尔斯的《正义论》就是这样一个变革，其政治自由主义正是要寻求如何使公共权力不仅合法而且正当。在罗尔斯的影响下，随后的政治哲学始终有伦理的支撑：一个好的政治不仅在制度上是合理的，同时是对公共权力具有某种规范性的限制。

李义天：从您所描述的政治哲学谱系中，您把"政治哲学"定义为一种对公共政治生活之规范性维度的思考和设计。或者用您在《关于政治哲学几个基本问题研究论纲》一文中的说法："政治哲学的主题首先是，构建政治活动与社会制度安排的基本原则；目标是在规范的意义上构建一种具有正当合法性的政治的基本原理或根据。"然而，据我所知，关于"政治哲学是什么"问题，在20世纪哲学史上可以发现三种答案。

第一,"分析的政治哲学(analytic political philosophy)"。这种立场认为,"政治哲学"的使命在于,讨论和澄清政治理论中概念的用法。持该主张的学者大多认同分析哲学的主张,即认为哲学与现实生活无关,哲学无力也不应去直接干预生活,哲学的任务就在于梳理澄清各种理论所使用的语词的意义和用法。因此,"政治哲学"无非是分析哲学在政治领域的运用。

第二,"科学的政治哲学"(scientific political philosophy):持这种立场的学者以实证科学的方法来研究政治现象,并以"事实"与"价值"的区别为基础;认为要在价值层面保持中立,而只对政治现象及其结构、规律给予揭示。这一情况在二战后的美国学界很突出。然而,毋宁说这是政治学或政治科学,而并非一种有关政治的哲学。

第三,"规范的政治哲学(normative political philosophy)"。这种立场认为,哲学要直接介入生活,发挥批判性功能和指导性功能。因而"政治哲学"就是要对人们政治活动中的思维和实践方式有所思考、有所批判、有所矫正、有所规范。假如政治活动还可以在亚里士多德的意义上被理解为人的最高实践活动或交往行为,那么"政治哲学"的讨论对象,还将包括与人们成就自身、运作自身相关的一切行动。政治哲学要对这一切行动都有所规范。自罗尔斯以来的当代政治哲学,似乎以此为主。

万俊人:对这个问题的理解需要接着刚才的话题谈。罗尔斯的理论又被称为"新社会契约论"。"新社会契约论"和近现代政治哲学中的古典社会契约论的最大差别就在于,后者相信权力的内在分化和相互制约能保证权力的合法运行。但问题是,在很多情况(比如希特勒的例子)中,公共权力即使分开了,也可能发生权力合谋的现象。因此,权力的内部制约仍有缺陷。所以罗伯特·达尔(Robert Dahl)等民主理论家又提出"以社会制约权力"的新命题。

在政治哲学中,一种权力制约另一种权力实际上是以恶治恶,因为按照通行的理解,公共政治权力本质上只是一种"必要的恶"。但以社会制约权力却是一个根本性的转变。这种思路认为,社会是善的代表,所以该命题的实质是以善制恶。因此,当代政治哲学所面临的问题是,如果社会是善的并且以其力量来制约公共权力是可能的,那么社会凭什么就是善的而可以制约公共权力呢? 对此,很多人提出"公民社会"的建设思路,提倡"大社会,小政府",认为一个比较理想的社会结构状态应该是橄榄球型:最富和最穷的人都少,而社会中间层则较为强大。在政治哲学上,这就是说社会的公共层次应该较为发达,而国家的政治权力应该较小,这样,社会的强大力量才可以有力地制约公共权力机关。

那么接下来的问题便是,"大社会"怎么做大? 社会学家说,社会分层要比较充分,社会共同体要丰富和健全,政治上不断成熟,伦理上要成为示范群体。而伦理学家则认为,社会之大不仅体现在社会分层上,而且体现在公民美德的提升上。如果公民美德的水平较高,那么它对公共权力的制约就是一种政治伦理力量对一种纯粹的政治力量的制约。如果公共生活中公民美德不提高,就没有什么力量去制约公共权力。在这个意义上,所谓"以德治国",对公民来说,就是要建立健康健全的公民美德,唯有如此才能对政府提出高要求;而对公共管理者来说,意味着行使公共权力不仅要具有基本的管理技术,还要有相应的政治伦理资格。而且,在我的理解中,"以德治国"首先是针对公共管理者也就是针对"官员"的一个政治伦理资格要求。

当代政治哲学的讨论中就存在这个维度。也就是说,它不仅仅探讨公共管理的技术问题和权力的运作及其合法程序问题,更多地还要探讨作为最严密的政治组织的国家机器以及社会的公共生活是怎么既合理又合法地运行的问题。所以,这就回应了你刚才的说法:政治哲学是要探讨这些政治管理技术和政治权力运作背后的基本的政治理念和价值意义问题。

可见,政治学和政治哲学的区别还是比较明显的:现代政治学更多朝着公共管理科学的方向发展,而当代的政治哲学则探讨这背后更根本的东西。换言之,政治学探讨政府的设置、责任及其范围等,而政治哲学的研究对象是公共生活何以建立的基本理念。在罗尔斯的理论中,他首先把正义确立为最基本的政治理念,然后以这个理念来建立一个政治原则体系,再以这个原则体系来建立和解释国家的基本社会结构。先理念,后原则,然后制度——显然,这是一种政治哲学的而非实证科学的或政治学的进路。罗尔斯对现代政治生活把握得比较到位,所以他的思路可以看做当代政治哲学的一个典范。

三、罗尔斯之后:政治哲学研究的当代动向与趋势

李义天:确实,当代政治哲学的研究无法绕开罗尔斯。最近二十年,人们所熟悉的自由主义与共同体主义之争——现在又有共和主义的加入,以及罗尔斯和哈贝马斯的直接对话,实际上都是围绕罗尔斯而展开的。更重要的是,包括您在内的许多学者有一个基本的判断,即:当代政治哲学研究能够回归学术的主流、回归到介入生活的规范性维度,首先要归功于罗尔斯。

但我有个问题:在这一点上,为什么不太提及列奥·斯特劳斯(Leo Strauss)

的重要性？其实，在政治哲学从 20 世纪初的分析性取向转向二战后积极介入生活的规范性取向这一过程中，他起了很大的作用。在《何为政治哲学？》一文里，他给"政治哲学"所下的定义是："政治哲学就是要试图真正理解政治事物的本性以及正确的或完善的政治制度这两方面的知识。"斯特劳斯属于比较自觉地回归苏格拉底哲学传统的人。有人说："斯特劳斯把哲学看作旨在始终不渝地认识'政治事务'本性以及公正的政治制度的尝试。他提出这一观点的理由是，从其性质来说，'政治事务'都面临赞成或否决、挑选或拒绝、褒扬或贬斥的检验；它们的本质不应是中立的，而要求人们服从、承认、决定或判断。因此，政治哲学肩负着探索善或正义的'真正标准'，力求获得对这些标准的真正认识。"所以，就政治哲学应当从整体上提供具有规范性和指导性的确定知识这个意义而言，斯特劳斯也同样认为，政治哲学更亲近哲学而非政治学。但我个人感觉，在当代政治哲学的研究主流中，斯特劳斯被忽略得较严重。这与他的重要地位不符。因为无论在研究思路上还是在研究方法上，他实际代表了当代政治哲学的另一种典范。

万俊人：似乎可以这么说，罗尔斯的影响太大了，从而遮蔽了其他一些学者。斯特劳斯会被忽略是有原因的。最有可能的是，人们更多地误认为他是政治哲学史家，而非政治哲学家。因为他写了一本《政治哲学史》，非常重要。实际上有很多东西，他是借叙述来加以表达的。尽管叙述者有叙述者的立场，但他自己的观点并没有能够得到鲜明地突出。不过，我最近写了一篇长文，起点正是斯特劳斯的《何谓政治哲学？》一文，《中国社会科学》2008 年第 1 期将发表此文，大家可以参看一二。

李义天：那么在 2002 年罗尔斯去世后，国外的政治哲学研究又是怎样的格局呢？

万俊人：国外的或者主要是西方的政治哲学界现在是百家争鸣的局面，一时还没有那种独领风骚的人物出现。不过，后罗尔斯时代的政治哲学必将越来越繁荣，这是可以确认的。其主要特点有二：第一，政治哲学将逐步开始探讨并深入全球政治治理问题，亦即，全球化中的政治哲学问题，比如说发展问题、贫穷问题、多元文化中政治哲学和公民美德教育的问题，还有全球平等和全球正义等问题。过去我们谈到平等，都是说一个国家内部的公民之间的平等，而现在更多的是国际、族际、性别间和区域间的平等问题。这些都是全球化的政治问题，罗尔斯晚年也看到了这个问题，并就这个问题发表了自己的看法，但我认为他的《万民法》所提供的阐释是不太成功的。当代的政治哲学扩及国际政治和"世界公民"的领域,为国际政治的正义秩序提供普遍合理的政治原理(原则)和理据论证。这是一个新的特点。政治哲学的视野更广阔了,不仅是国家政治,而且是国际政治。

李义天:哈贝马斯对欧盟宪法的积极参与也可体现这一点。

万俊人:很明显是这样的。第二个特点是,政治哲学的视野从专门的政治生活领域发展到与政治相关的一系列公共话题。比如环境正义、核武器扩散、恐怖主义等。这些重大的人类生活主题都开始进入政治哲学的研究范畴和视野。它们超出了传统的专门化的政治领域,以至于涉及民族文化和民族宗教等一系列问题。此外还有"文化政治"的问题,这包括性问题、女性主义政治学和伦理学等。比如说,同性恋是一个文化伦理问题,但可以不可以允许同性恋者结婚,这就是一个社会政治问题了,因为它涉及人类社会的婚姻制度改革。对此,国会就得讨论,政府就得立法,以便从政治上明确该不该让他们结婚。

这就是我所认为的当代政治哲学发展的两个最新特点或发展迹象,它们给政治哲学的研究带来了新的挑战。刚才我们也谈到,斯特劳斯对政治哲学有一个定义:政治哲学不仅谈论政治问题,还要探讨政治事物的本性和本质。所以在政治哲学中,我们不仅探讨国家是如何建立的,并且要探讨这个国家好不好、值不值得爱。在当前的全球化背景下,人类交往更加丰富紧密,因此也就有更多的问题被赋予或呈现出政治意义而值得我们深入研究。可以说,当代政治哲学的边界已然无所不在。一开始我们就说过,当代的伦理学知识和框架有可能被突破,其实当代的政治哲学同样面临这样的问题。无论是伦理学还是政治哲学,既然它们面对的都是我们的生活世界,那么,只要我们的生活世界在扩展,我们的政治哲学和伦理学理论视阈也就必然随之扩展。你看,我们这次会议的副标题不就是要探讨一种"跨文化视角中的政治哲学之未来"么?

李义天:"跨文化视角中的政治哲学之未来"应当是有中国学者参与并发出声音的"未来"。那么,国内的政治哲学研究是如何开始起步的?目前国内学界已发展到了一个怎样的格局?同样是作为后罗尔斯时代的政治哲学研究者,根据您的判断,我们在未来一段时间里政治哲学研究的着力点应当放在哪里?

万俊人:由于很长时间政治哲学没有进入我们的学科体系,所以我们对它的研究一直很薄弱。在某种意义上说,在我国现行的哲学研究中,政治哲学已经缺席很长时间了。实际上,我国的伦理学研究也只是到了 20 世纪 80 年代初才开始的,迄今还不足三十年时间。把伦理学的研究视野扩展到政治伦理和政治哲学,时间就更短了,因而国内学界的政治哲学研究目前还谈不上成熟。正因如此,我才不遗余力地推动政治哲学的发展,组织了一些专栏,翻译了一些著作,组织了几次国际性的政治哲学学术研讨会,开设了一些政治哲学的课程。我本人近几年发表的文章基本上也大都是政治哲学方面的。

我的学术直觉是,我们正面临的政治生活有其独特的特点,因此,就像我们的改革必须采取跳跃式发展一样,国内的政治哲学研究也需要采取跳跃追赶的方式。在未来的一段时间,我们的任务一是借鉴,二是创新:一方面要大量、及时、准确地去吸收域外的先进理论成果,另一方面要植根于中国当代政治文明建设的实际,寻求理论突破和理论创新。

我们的党和国家正在开创中国特色社会主义的政治文明建设事业;就像中国特色社会主义的市场经济具有独特的典范意义一样,我们也期待中国特色社会主义的政治文明也能最终成为一个独特的典范。由于我国政治生活的独特格局,我们有很多东西仍具探索性。再加上生活本身也是开放性的,因而国内的政治哲学研究不但要有紧迫感,而且要有探索性。既要有追求真理的理论勇气,更要有追求真理的科学态度和方法。从国外的理论研究中加以借鉴是肯定的,从我们的政治生活实际中有所总结吸收也很重要。现在我们召开政治哲学会议、开设政治哲学课程、申报政治哲学的课题,都是为了构建中国特色社会主义的政治哲学理论体系。毕竟,我们的政治哲学研究——无论是关于西方的还是关于东方的——的最终目标就在于此。

四、政治哲学研究与中国现实:借鉴与启示

李义天:既然谈到了政治哲学研究与国内研究的关系,我想由此拓展一下——如果说构建中国特色社会主义的政治哲学理论体系是我们当前政治哲学研究的理论目标,那么,为中国的生活现实服务,或者说为中国的和谐社会建设服务,则是中国学者从事政治哲学研究的实践目标,也是最终目标。我注意到,您的《从社会正义到社会和谐》等文章已经对此有所敏感。和谐社会必然是多元的,但同时又是融洽的、团结的、相互促进的。而这似乎也一直是推动罗尔斯思考的现实动力源,即:如何在多元利益的社会格局这一既定条件下,实现一种融洽团结的而非分裂对抗的公共生活?

目前,既然"建设社会主义和谐社会"是一种可贵的全民共识,那么,中国最需要从当代政治哲学研究中吸纳的因素是什么呢? 我想,这涉及通过当代政治哲学而对中国的政治现状进行诊断。您觉得当代中国政治最突出的问题是什么? 您认为现有的政治哲学资源能否解决这些问题,或者说能在多大程度上解决这些问题?

万俊人:我想,最严重的政治危险来自公共权力的政治腐败。政治腐败形成的原因很复杂,有个人性的,也有制度结构性的。我认为,我们的制度选择本身是合理的,但制度中存在一些问题还没有解决得很好。制度的选择不仅仅有现实的、历史的和文化的考虑依据,而且还要有政治哲学和政治伦理的证明理据。制度之中会有一部分人成为制度的操作者,而另有一部分人则完全成为制度的约束对象。这就会产生一种政治的张力:哪些人应该成为制度的操作者或运作者? 哪些人应该成为制度的纯约束对象? 管理者和被管理者之间应该是什么样的关系? 当代政治哲学的一个基本判断是:公共管理者必须是公共服务者,政府是服务性政府;政府或者政府官员并没有任何优于公民的政治特权,而恰恰是要为公民服务。权力来源于公民,并为公民服务。如果管理者利用公权来为私利服务的话,这就是腐败。政治腐败正是公共权力的私有资本化。所以,从当代政治哲学的基本判断和启示出发,我们有必要对社会制度的具体环节加以改革,让"权力在阳光下运行",严格避免发生公共权力私有化、资本化的腐败现象。

李义天:不过我们回过头来看,似乎遗漏了一个前提性问题,即:在何种意义上,吸纳当代西方政治哲学是可能的? 虽然您刚才说要"跳跃式发展",但我也看到很多西方学者,比如《风险社会》的作者乌尔里希·贝克就认为,现在中国的跨越发展像吃压缩饼干一样,已经有点消化不良了。这种情况难道不会出现在中国政治哲学研究的过程中吗?

万俊人:贝克的话完全是对的。我们搞市场经济也有些消化不良,也曾走过弯路,经历过风险,有过教训。但是,我们首先需要知道别人在干什么,是如何干的,研究到什么份上;其次我们还要学会比较鉴别:哪些东西是可用的,哪些东西是不可用的,要先拿过来然后再重装。所以介绍和翻译都是必然的。在此过程中,严肃的理论态度和科学的研究方法必不可少。借鉴的过程就是一面吃,一面消化,还要一面生产我们自己的食品。所以对于贝克先生的比喻,我把它再延伸一下:我们不仅要把压缩饼干拿过来吃,同时我们也要生产自己的饼干。我们在理论上的目标是创建有中国特色的政治哲学,当前的一切知识信息——无论是外来的还是自己的——都是建构的材料。我们现在可能还处在一个起步阶段，吃压缩饼干的情况比较多，在理论食品供应不足的情况下，暂时还需要吃一些进口的压缩饼干。但我相信，慢慢地，我们不仅会自己做饼干，而且还会有出口我们自产饼干的一天。春天既然来临，秋天还会远么？

李义天：可是，当代政治哲学的主流是西方学者在现代工商业社会基础上提炼、发展出来的，它对公民的理性能力、政治参与能力和基本交往原则有一定的基本预设。而中国在传统上是以农业生活为主的社会，中国人的政治理念比较独特，现代工商业和市场环境发育还不够充分，况且社会制度也与之不同。这是否意味着中国的政治现实会对当代西方的政治哲学思想有一个较大的筛选？而这又回到了刚才的那个问题：在何种意义上，吸纳当代政治哲学是可能的？

万俊人：我们有必要明确一点：政治哲学所讨论的不是制度本身，而是人们为什么要设计制度、如何更新和创新制度。

对中国的政治现实来说，我们要研究的问题是，共产党领导的人民民主革命为什么会选择共和政体？为什么要选择社会主义道路？过去我们很少在政治哲学的层面研究并解答这个问题，总是有些绕或有些回避。实际上从政治哲学的角度看，这是中国人民在其优秀代表的引领下，通过社会革命的方式而对社会制度所作出的一种探索，也是一种制度创新。至于说，我们为什么要搞中国特色社会主义呢？这也属于制度创新。过去我们认为，社会主义只能采用计划经济，后来邓小平说"社会主义不等于计划经济，资本主义不等于市场经济"，使人们的思想得到一次大的解放。相应地，中国特色的社会主义民主政治也依赖很多条件，比如说制度的完善、政治观念的更新，还要吸收人类的一切优秀成果，不管国外的还是古代的，当然还需要做一些大胆的政治探索或者试验，以求最终探明一条既适合中国国情又具有远大发展前景的政治文明的建构模式。

我的看法是，社会主义民主政治建设，其基础和最终的落实在于政治民主制度的建构，在于公民社会的建设，在于公民政治伦理素质的提高。社会主义民主政治必然要求公民的政治参与。而这一方面要求政府给公民以公平均等的政治参与机会，另一方面公民本身也要有充分运用各种政治机会的能力。人的发展是能力的发展，人的自由是运用和发挥自身各种能力的自由。而要让全体公民都有参与民主政治的政治能力，就需要首先提供充足的公民教育资源。公民教育不仅是一种政治教育，还是一种文化教育，要把普遍的政治教育寓于特殊的政治文化和政治伦理教育的氛围之中，比如说，健全的爱国主义教育。因此，我们的政治教育一方面要总结政治生活的规范、原则和理念，同时要把它们融化到政治文化中，让老百姓能够认同和接受并且身体力行，内化为他们的政治行为的动力和动机，只有这样，才能真正提高他们的政治参与能力。公民教育不是说一些人去教育另一些人，而是一个社会学习和社会教育运动，是在社会主义民主建设的公共生活中大家互相学习的过程。宣传者、教育者和学习者的身份是交叉的；不存在纯粹的教导者，因为他们本身也需要学习。政治和道德一样，更多地不是一种理念，而是一种实践。对我们国家来说，与铲除腐败一样艰巨的任务，就是公民的政治教育的问题。我国的公民社会建设和民主政治建设才刚刚开始，在这一方面还任重道远。

李义天：您的论述体现了当代政治哲学的许多基本理念，同时又可以跟十七大报告中"扩大公民有序政治参与"、"加强公民意识教育，树立社会主义民主法治、自由平等、公平正义"等表述相契合。可见，在建设一个社会主义的现代国家的过程中，有些因素是人人共识的努力方向。当代中国是以马克思主义为主导方向和政治意识形态的，而且，在马克思主义研究界，也有一批人正在关注政治哲学并努力建构中国的马克思主义政治哲学。这些是否是中国的政治哲学研究参与到当代政治哲学主流领域中的一种特定方式？

万俊人：意识形态本身是政治哲学的一个重要话题。在我的理解中，意识形态有好几个层面或类型，至少包括文化意识形态、社会意识形态和政治意识形态三个基本的层面，实际上需要我们仔细分梳。意识形态的本义就是在某一区域和时期占据宰制性地位的观念意识。如果某一观念在某一特定历史时期和特定范围获得或者具有支配性的意识力量和观念地位，那么，这种观念就具有了意识形态的性质。政党和政府以社会动员的方式宣传特定的政治观念系统，这是政治意识形态，它是公民达成政治认同的一个方向，无可非议。中国在国家层面需要有这个政治认同的基础，但也需要在社会层面拥有与之相匹配的社会意识和文化意识。因为社会意识形态、文化意识形态都与公民的政治意识的成长有关，它不仅关乎政治生活的根本主题，并且能够更多地关乎社会生活中的民生主题和民意主题。

至于说马克思主义研究者也关心政治哲学研究，这是一个好事。因为马克思主义学说中，本身就有很大一部分是与政治相关的政治哲学言述，比如《德意志意识形态》等等，所以更应专门化、具体化地研究马克思的政治哲学。唯物史观是如此，马克思主义的公平正义观也是如此。

现代社会的心灵秩序与政治秩序[*]

钱永祥　张容南

2011 年 10 月,张容南博士在上海与钱永祥教授围绕理解现代社会的基本政治原则、谋求现代意义的美好生活方案等当代政治哲学的主旨问题交换了看法。两位学人认为,自由主义不仅可以理解为一套政治价值,还应被理解为对于人类平等以及多元的美好生活观念的哲学坚持。自由主义之所以强调为正义原则寻求重叠性共识,目的之一就在于尊重个人的自主性。现代社会的某些制度安排虽然遭到严厉的批评,但它们也在不断修正自身,以更加符合现代个体的自主性理想。一个公平正义的现代社会应以明确公正的社会规则来引导人、对待人,使之有信心一起生活与合作。

一、当代政治哲学的新发展

张容南:钱老师,您好! 很高兴在华东师范大学六十周年校庆之际能够邀请您来到这里为我们讲学。我读过您的一些学术文章,比如您为纪念以赛亚·伯林(Isaiah Berlin)去世撰写的《我总是活在表层上》[①],还有您的著作《纵欲与虚无之上》[②]。我发现您非常关注西方政治哲学的发展,尤其注重在价值多元的社会情境下去捍卫自由的价值。所以我们就从现代社会最重要的价值之一——自由——开始谈好了,以此来切入当代政治哲学的最新动向。我看到在一些访谈

---

　[*]　钱永祥,时任台湾"中央研究院"人文社会科学研究中心副研究员;张容南,时任华东师范大学哲学系讲师。
　①　钱永祥:《我总是活在表层上》,《读书》1999 年第 4 期。
　②　钱永祥:《纵欲与虚无之上——现代情境里的政治伦理》,三联书店 2004 年版。

中,您似乎以一个自由主义者自居。我想问一个问题,罗尔斯在《政治自由主义》中向我们展示了一种政治的自由主义,他说我们要面对"价值多元论"的事实,所以自由主义需要从整全的自由主义向政治的自由主义转变。您是否同意这样的看法? 在多元价值并存的现代社会,自由主义是否只能期望自身为社会提供一种政治秩序,而不再可能同时为人们提供一种心灵秩序,也即作为一种整全的自由主义出现?

钱永祥:您说我以自由主义者自居,其实我平常不太使用这个标签。如果我有自由主义的倾向的话,那主要不是一种学说的应用,也不一定是一种政治主张,我只视之为一种强调"对所有人公平"的立场。我相信,自由主义最平实的意思只是说,让每个人有公平的机会安排自己的生活,才符合"正义"这项社会生活最根本的要求。这是对自由主义的立场最宽泛的陈述,但我相信,大家所熟知的各种自由主义版本,无不都是对这个陈述的进一步解释、发挥。回到您刚才的问题,罗尔斯的政治自由主义将自由主义理解为一组政治理念,亦即,它不是一种整全性的价值理念,这个说法我当然接受。但我觉得这样一套政治自由主义把自己的关怀说得太低了。其实自由主义关于人,关于人的需求、运作,关于人生应该怎样进行才算理想,关于什么样的社会秩序是好的,都有相当实质性的(因此多多少少整全性的)观点。罗尔斯想尽量减少美好人生、美好社会的设想内容中属于特定价值观的成分,以便在对所有人都公平的前提下,让各种实质价值观都能认同这样一套关于社会秩序的想法。但即使按照这个原则,我们对"人"还是可以赋予更多、更深的认识。我举一个简单的例子。罗尔斯在陈述他对人的理解的时候说,我们对于人的理解很起码。人有两种道德能力,一种是追求美好人生的能力,一种是运用正义感的能力,也就是和其他人在公平的条件下进行社会合作的能力。我想问,这两种能力真的那么形式、那么起码吗? 我觉得这两种能力的要求已经相当高、相当实质性了。一个人能形成他的生活规划,知道他想要过什么样的人生,需要大量物质的、精神的、文化的、社会的资源和条件,也需要自身具备高度的自我意识、理知能力、价值意识。一个人要充分利用这些资源和条件,用罗尔斯的话来说,去"形成、修正和合理地追求美好人生观",这样一个简单的陈述表达出的对人和人生的理解,本身是相当丰厚复杂的。相对而言,传统各家自由主义对人的理解,认为人是理性人,或者人只追求欲望的满足,或者人只形成偏好再去实现偏好,反而都太单薄、简化。罗尔斯使用的是"政治概念",但政治概念依然可以承载丰富的内容。

张容南：罗尔斯说一个人要有能力去形成、修正和合理地追求美好人生,这里面已经包含了实践理性的要求了。实践理性要求我们有能力形成善观念,并且能够对自己的生活计划进行批判性的反思。

钱永祥：是啊。所以我可以理解罗尔斯的用意,他想把对人的理解压到最低,避免具有争议性的假定;但是即便如此,这也不代表罗尔斯的人的概念是很低的,很简单的,很形式的,只具有起码的内容。

张容南：这么看来,罗尔斯也不是那么的"政治自由主义"。他有关人的看法还是"自由主义"的。我的意思是罗尔斯想让自由主义成为一个多元社会中不同善观念均能认可的政治原则,然而这样的原则所设定的人的观点有其特定内容,罗尔斯对这种特定的"人"的能力进行了基本限定,这种限定仍然是自由主义的,而非宗教的或其他意识形态的。

钱永祥：是,完全是自由主义的,并且应该与宗教或者其他理论有关人的观点争长短,只要我们没有先把"自由主义"这件事过度简化。现代社会生活很复杂,对人的理解相应地也丰富了起来。像马克思主义或者儒家这些理论看似对人的构成、对何谓美好人生有一套实质性的理解,而自由主义看似是一套很形式化的、很贫乏的理解,我觉得这种对比不能成立。具体说,我觉得自由主义和马克思主义关于人的理解完全可以搭配起来。比如美国的一位哲学家纳斯鲍姆(Martha Nussbaum)标举人类的"能力",她很强调自己是在罗尔斯的"政治"的自由主义道路上走,但她用了亚里士多德和马克思——尤其是青年马克思——对人的理解来补充罗尔斯,才形成了这套能力学说。所以马克思主义和自由主义在关于人的理解上是可以搭配的。在此意义上,自由主义对人的理解,并不纯粹是一种只涉及政治秩序的政治自由主义的理解。但是我也要强调,这种自由主义式的对人的理解,仍然要坚持人的平等以及美好人生观的多元。自由主义不只是一套政治价值,但是自由主义也不会用一套实质价值封锁了个人的多元抉择。这中间的复杂转折需要更为细致的理解。

张容南：在古典时期,心灵秩序和政治秩序是相呼应的。但到了现代社会,这个分离似乎不可避免地出现了。在私人层面,每个人在私人生活中有他自己的生活计划和善观念。在公共层面,罗尔斯提出的政治自由主义似乎是唯一可行的办法,即全社会的人就指导共同生活的基本正义原则达成共识。

钱永祥：可为什么就基本正义原则达成共识那么重要呢?因为罗尔斯认为,

在基本正义原则的条件下,对于美好生活的理性追求才有可能。这里讲的美好生活当然不是任性的、恣意的,放纵的、享乐的,我认为什么是好的就去实行。有些人简化、漫画化自由主义,认为一个人只要满足了自己的欲望,他的生活就是美好的。没有这回事。这太简化自由主义了。您看,罗尔斯和德沃金都强调说,个人的最高层级利益在于实现美好的生活。难道所谓美好没有客观标准吗?"最高层级的利益"竟然可能由当下的欲望所界定吗? 自由主义主张价值多元,但从来不是快乐主义的、价值相对主义的、更不是虚无主义的。回到您讲的心灵秩序和政治秩序。我想强调这两个东西不是截然二分的。政治秩序如果是混乱的、不合理的,在人的身上可能出现比较好的心灵秩序吗? 同样地,如果心灵秩序是虚脱的、崩溃的状态,会出现一种合理的政治秩序吗? 都不可能。在这个问题上,儒家早有认识,强调制礼作乐,礼乐乃是整套政治秩序中不可或缺的涉及心灵的部分。苏格兰启蒙学派、黑格尔、马克思等众多思想家也都致力于表达这一点。

张容南:您讲到这个,让我想起查尔斯·泰勒(Charles Taylor)。他最开始批评自由主义对人的原子化理解,批评一些人把自由仅仅理解为选择的自由。但泰勒问,选择的根据在哪里? 所以他认为我们要去复原使我们的选择变得有意义、有标准的那个价值根源。但说到价值根源,我们就会自然联想到马克斯·韦伯(Max Weber)。韦伯所说的"祛魅",指的就是原先那个统一的天意秩序慢慢褪去了,不复存在了。但其实现在还有很多的价值根源,或是以宗教的形式或是以哲学的形式存在着。只不过它们不再以一种哲学学说或宗教学说的形式直接成为政治制度的依据,而是变成了游魂,如余英时先生所形容的现代儒家。现在我们有很多游魂。现代人在进行对其人生有重大影响的选择的时候,是不是需要到这些游魂中去寻找支持? 是不是在丰厚的价值根源的滋养下,我们才可能真正作出有意义的选择? 我觉得泰勒与罗尔斯和哈贝马斯不同的是,后两者在寻找现代社会的程序性共识,而泰勒似乎想要找到某种精神性的东西来安顿现代人的生命。

钱永祥:泰勒他相信有可能找到超越性的价值来源。儒家也相信可以找到。人总是有安身立命的需求。可是我认为,寻找这样的东西恐怕都会失败。

张容南:您是指在社会的层面上寻找这样的东西会失败?

钱永祥:我觉得在个人的层面上也很难成功。过去的人在儒家那套宏大的文化和社会背景支持下,可能觉得内心的秩序与外部的秩序之间有一种呼应。他可以内圣外王安然地过一生。那个时代过去了。但即便假定我们找不到泰勒所说的超越性价值来源,找不到儒家讲的心灵秩序,假定大部分人在寻找意义的问题上会失败,这也并不意味着我们追求美好人生必然失败。我们可以从两方面来理解这个问题。第一,美好人生的追求、安身立命的追求,本身就是使得人生取得意义的因素。我在一篇批评施特劳斯的文章①中引用过一段话,那段话来自麦金太尔(Alasdair MacIntyre)。他说,"美好人生就是用来追求美好人生的人生。"你在追求,即是你在澄清、界定、塑造那个让你的生命有所寄托的东西。那个东西,如果你相信它,它就在对你召唤;如果你有所怀疑,代表你仍然还在努力让它浮现、成形、实现,你还在试图了解自己以及自己生命的意义。质疑即是追求,追求即是创造。对今天大部分的人来说,这个质疑的职责是很重要的。自由主义有一个很重要的看法,我们每个人都想去追求美好的人生,但美好人生的构成要件之一,是我能够信服地接受它,甚至于在原则上我要能够修改它……

张容南:理性修正?

钱永祥:对,理性修正。否则我作为主体只是美好生活的容器或者载体,我与它是分隔的。但这些都预设了"疑"的必要。这是美好人生一个很关键的要件,不过这也不是自由主义的一家之见。我相信,包括儒家,包括大部分宗教徒都会认同这个说法。假定有人告诉我,你到教堂或者到寺庙里去生活,那是你最美好的人生。但是如果我对这个宗教一点都不了解,也不从怀疑中寻找答案,我在教堂或者寺庙里的这种生活,岂有可能是美好的生活?换言之,我必须对这个美好人生的理想有所了解,而了解的过程一定会带来一些怀疑、批判和检讨,经过怀疑、批判和检讨,最后我有理由地接受了它,其实也就是创造、实现了我所追求的目标。省掉这一番过程,岂有任何美好人生是可能的?但是一旦开始这个过程,信仰就只有跳跃一途;今天大部分的人,可能一辈子都处于怀疑、批判和检讨的过程中,"疑"与"信"相互构成。所以追求本身很重要。对今天的人来说,追求本身即是他人格构成的一部分。我猜想,这跟古代的人很不一样。古代的人有本事信,而且他有条件信。他们生活在一个安定的理性主义宇宙—伦理秩序(这是韦伯的字眼)中。在一个社群主义资源充分且强大的情况下,个人有信

①　钱永祥:《多元论与美好生活:试探施特劳斯政治哲学的两项误解》,《复旦政治哲学评论》2010年第1卷。

的条件和能力。今天的人我不认为还有这种条件和能力。"信仰,以便理解"这种精神上的安逸来自在先的确定感,确知神会担当一切。今天的人,享受不到这种奢侈了。

张容南:对,今天的人就算活在一种传统中,但他面对的已经是一个开放的世界,他总会遇到别的传统、别的人,这些异质性的东西会给他带来一些冲击,让他去反思自己所处的立场,不会像原来那样大家所信的东西都是一样的。现代社会的开放性和不确定性会让人去怀疑和反思他的立场。

钱永祥:这种变化对我而言并不仅仅是社会学意义或历史学意义上的。我认为它的影响在于它改变了现代人的人格构成,它是现代人的自我定义或者说自我理解、自我想象的一部分。从这个意义上来说,追求变得很重要。我不认为儒家或者斯特劳斯学派对美好人生的想法一定不妥当或者不可接受。但今天的人在接受这些安排之前还有很大一步要走,儒家或施特劳斯学派则把这一步省略掉了,它们甚至觉得这一步是过度的理性主义或者是人的傲慢。然而,人如果没有怀疑一下、思考一下,他没有办法成为真正的信徒。

张容南:也就是说,自由主义者会不会接受一个未经怀疑的虔诚信徒所认为的美好生活是美好的呢?他虔诚地信仰某种宗教或某种哲学,并且在那种信仰中安然地度过了一生。

钱永祥:这样的人应该很快乐,甚至于幸福,但是我会觉得他并没有获得美好的人生。不过我也怀疑,今天真有人能够这样单纯、简单地信,没有去跋涉"追求"那段荆棘路,却信得比约伯、奥古斯丁还轻松吗?无论如何,自由主义者对何谓美好人生有着较高的要求,而这种要求迫使人们正视追求过程本身,其结果倒显得次要。

二、对"美好人生"的反面思考

张容南:那么自由主义对"美好人生"这个概念本身有什么说法呢?

钱永祥:这把我们带回前面有关自由主义之"政治"性格的问题。自由主义所关心的是,个人追求美好人生,需要什么样的机会、条件与资源。我强调过,由于自由主义对人、对于追求美好生活这回事的理解甚为厚实,这些机会、条件与资源会涉及政治、社会、文化,乃至于公共的价值资源等多个方面,自由主义并不如一般所想象的那么"单薄"。例如德性伦理学所探讨的一般德性,未必就不是美好生活的必备条件,只要不违背平等与多元的原则,自由主义并没有理由不接受。但是涉及美好人生的具体内容,自由主义会有所犹豫与迟疑。一方面的原因是尊重个人的选择以及创造余地,维系价值选项的多元;另一方面则是坚持平等,避免因为在价值理想之间的排序,造成人格成就的等级化。

张容南:也就是说,自由主义只谈美好人生的条件,对"美好人生"的具体内容仍然是保持中立的?

钱永祥:我们在思考美好生活这个问题的时候,通常采取一种积极的思路,就是正面向往、肯定人生的意义,生命在里面可以得到安顿,你的行为可以从某一套客观的意义秩序中获得正当性,这是积极的一种取向。我在上面说过,这对现代人是很难成功的,也许只有追求的过程本身才是提供意义的源泉。但我想强调,在关切美好人生的时候,同样重要的另一个问题是,为什么太多人无法享有、甚至根本没有机会追求所谓美好的人生?那当然是因为在这些人身上,美好人生的各项条件被剥夺、被扭曲、被架空,以至于所谓"追求美好人生"对他们来说变成了一个残酷的笑话,像是"何不食肉糜"一般的冷血童言。自由主义正视、重视现实中因为外力以至于美好人生经常横遭剥夺这个事实,所以关切"追求美好人生"需要哪些条件。这些,我们在上面已经谈过了。那么接下来呢?那些关心美好生活之内容、但是较不关心美好生活需要什么外在条件的人们,经常挑战自由主义,指责自由主义躲在中立的旗帜之后,其实根本没有能力回答真正重要的问题:"什么是美好人生"。也有人虽然同情自由主义,仍觉得自由主义在此确实有所短缺,需要从文化传统、社群归属甚至超越性的宗教寻找资源来加以弥补。我的想法不同。我认为如果自由主义也想变成一种关于美好人生的哲学,那就辜负了它自身的历史经验。自由主义应该把视线投注在人间的各种剥夺、扭曲、压迫上,忠于它原先的关怀,构想条件来防止、消除这些造成美好生活落空的因素。

张容南:这样的自由主义,似乎跟古典自由主义的放任取向或者晚近自由主义的多元共识取向,着重点不太一样?

钱永祥:是的。晚近自由主义格外着重价值多元主义的挑战,也因此格外着重重叠共识,为自由主义的政治原则寻求政治性的支持,建立对各种价值立场都公平的正当性。这是一件有意义的工作。不过反过来看,除了追问自由主义的正义原则能不能获得重叠共识的支持,我们也该追问:若是没有这些原则的保护或者这些原则赋予我们的力量,个人会受到什么样的对待? 很多人一生大部分的时间在受苦,包括天灾人祸,政治暴力的侵害,社会的压迫和歧视,以及人与人之间的剥削、欺凌、侮辱。这些痛苦在人的生活中占了很大比重。很多人终其一生无所谓寻找意义,无从设想"美好人生",却受尽了苦难和折磨。其中的原因,自由主义有义务去追问,并且自由主义也提供了相当完整的答复。如何以人类所身受的压迫、侮辱、伤害为着眼点,设法用自由主义的各项原则去减少这些痛苦,我认为是自由主义的核心关怀所在,其深重意义并不逊于寻找重叠共识。我大胆地说:自由主义的终极关怀,是制止暴力而不是追求善、是减少痛苦而不是增加美好;它推荐的社会制度旨在防止压迫与侮辱,不在于直接引导美好人生。说到最后,美好人生观诚然容许多元的想象,痛苦这件事却无所谓多元,自由主义政治原则的正当性,完全可以从这个反面的角度来检讨与证成。我自己特别重视减轻痛苦这件事的普遍道德意义,强调对他人痛苦的敏感性亟待培育,也是出自同样的关怀。我们在思考政治制度和美好人生的时候,不能忽略这个阴暗面的问题。

张容南:您提到减轻痛苦,泰勒也非常强调减轻痛苦对现代人的意义,他说世俗社会"肯定日常生活"。所以我想说,强调减轻痛苦并不是自由主义者所独有的。西方世界从宗教社会转向世俗社会后,减轻痛苦、追求幸福对现代人而言变得尤为重要。这在功利主义者那里表现得非常明显。世俗生活与宗教生活有很大的不同。在宗教生活中,为了去实现某些神圣的目标,人们也许会做出很残忍的事情,或者比较普遍的情况,为了打击肉体的欲望,人们选择苦行。然而在现代的世俗生活中,这些部分基本都被去掉了。从一方面讲,世俗生活好像最不能够容忍痛苦,可另一方面为什么在世俗生活中又有那么多暴力的伤害? 以中国目前讨论得很多的"要不要帮助路人"这个事情为例,一般人不具有像康德式的哲学家那样的能力,他不会通过理性将道德原则加以普遍化应用。在儒家文化的背景下,他的道德义务是有亲疏远近的,尤其是当这个路人还可能会反咬自己一口的情况下,道德行为的发生就更困难了。每个人想到的是如何去保护自己,不去伤害他人就可以了。

钱永祥:您带到泰勒讲的"肯定日常生活",正可以帮助我们了解"痛苦"如何取得了独立的道德意义。肯定日常生活、从而正视个人在日常生活里的遭遇,而不是把彼岸的、超越世界放在优先的位置,的确是现代人道德观的一个特点。

历史学家指出,18世纪是西方道德意识的一个转折点。在此之前,欧洲人比起后代来是比较残忍的。所谓残忍,倒不是有心地给他人制造痛苦,而是根本不在意他人的痛苦,是麻木的、不在乎的。18世纪为什么有那么大的转变? 因为宗教对道德的支配力量至此而竭,正如您所说的,在一套神圣的秩序里,快乐与痛苦本身没有意义,快乐和痛苦的意义来自它们所显示的我与神圣秩序、与神之间的关系。如您刚刚提到的禁欲苦行的例子,人们就是要苦其肌肤、劳其筋骨,不管这是为了克服欲望,还是为了惩罚原罪,这些实践有助于人们追求一种真正的快乐,一种超越了肉体快乐的精神快乐。因此,痛苦本身并不是太重要。不过还有另一方面的转变,我觉得更有意义,那就是:道德思考本身,也有一个从精英取向扩展到常人取向的转移。道德关切的不再是某类道德精英的成就,诸如"君子"可以提升到什么道德境界,而是平等地关注每个个人身上的日常苦乐,这一转变可以称之为道德的"日常生活化"。从18世纪开始,人道主义取得了主导地位。当下的感觉、感情、情绪被认为是非常重要的东西。在理性之外,有感觉的"心"取得了比较高的位置。原来在人们视野之外的东西开始进入道德考量的范围。18世纪以前,死刑犯是公开处刑的,男女老幼都把死刑当做娱乐景观来看。可是现代社会一般不会对人公开处以极刑了,我们觉得残酷的事情不再适合在公共场所出现。在现代社会中,痛苦和快乐本身取得了意义,它们不再需要通过与超越秩序的联系来获得正当性的说明,现在,痛苦就是坏的,快乐就是好的。所以今天的人觉得不可以坐视痛苦和残忍,要尽可能地避免或者减轻痛苦。在我看来,这就是人性的进步。我没有办法像尼采那样强调权力意志或贵族意识,也不能像雍格(Ernst Jünger)一般认为战争是人性和文明最高程度的表现,战争才能充分释放人的野性,战争让人抛弃了日常生活中的贪逸恶劳以及人对自身的过分怜爱,成就了最高贵的人性。我认为痛苦这件事情是伦理学和政治哲学必须严肃对待的事情。如果不正视这个问题,不去考虑如何减轻痛苦,讲美好人生多少有点不知人间疾苦。

三、现代人的自主性理想

张容南:现代人将其自我认同以及自尊的基础奠基于自主性(自由选择)之上,但面对由消费主义、科技理性等意识形态构造出来的现代社会,我们拥有多大程度的自主? 这个问题您曾经在文章中谈过,您说,自由主义和市场机制是两码事,自由主义关切的问题是从制度上让每个人能够在自由、平等的情况下按照自己的理想生活,市场机制所关切的问题是容许资源形成最有效率的流通与分配。人们常常把两者扯到一块。但是,即便这是两个问题,自由主义的自主性理想又如何来抵挡来自市场的意识形态呢?

钱永祥:让我澄清一下您的意思,您认为自由主义理解的人是自主的,而现代社会并没有提供这样的条件让人们追求去自主或自尊?

张容南:比如马克思在《1844 年经济学哲学手稿》中提到的人的异化,还有美国社会学家理查德 · 桑内特(Richard Sennet)在《新资本主义文化》中讲到的新资本主义用很多新的方式对人进行控制。因为在资本主义的制度安排下,效率和利润是第一位的,人只不过是实现这些目的的工具。那么,现代社会的这套安排与现代人追求自主的理想之间会不会有张力?

钱永祥:肯定会有张力。现代社会的很多制度、趋势的确如您所言,正在扭曲甚至支配人性,但是我们或许可以把视野扩大一些来看。首先,我想强调,现代社会的各种发展,包括民主政治、商品经济、现代国家,也就是我们所说的现代性,都受到过很强的批判。“批判现代性”是重要的思想工作,有助于打破现代人的自大自满。可是在批判的同时,不要忘了现代性的正面意义。您刚刚提到现代人那种追求自主、自尊的理想,它完全是现代性的产物。现代性带来的物质条件——也就是现代人保护自身的能力,包括营养、医疗、教育等——使现代人去追求他们的自主、自尊变为可能。这是第一条。还有现代性带来的各种制度安排,比如每个人都是民族国家内部的平等公民,在一些制度条件下公民可以参与政治生活的决策,等等,这些都强化了现代人的自尊感和自主性。我们可以一直列举下去。换言之,现代性提供了让现代人获得自主和自尊的条件。有一些人喜欢美化过去。可是,用霍布斯的话来说,前现代社会中人的生活是“孤独的、贫困的、卑污的、残忍的和短寿的”。前现代社会中我们没有物质上的舒适,谈不上生命的品质,人与人之间的关系更残暴。哈佛大学教授平克(Steven Pinker)这个月刚刚出书,用大量的资料证明,现代社会比起前现代与现代初期要来得和平、人道、宽厚多了。[①] 我们在批判现代性的时候,千万不要把这些正面的因素丢掉。但如您所说,张力是存在的。马克思,尼采,浪漫主义,到 20 世纪的文化保守主义,新马克思主义,存在主义,后现代主义,大概都在批评现代性。这

---

① Steven Pinker, *The Better Angels of Our Nature: Why Violence Has Declined*, New York: Viking, 2011.

种张力所反映的是什么？我觉得也许不仅是现代性磨灭了人追求自主或自尊的可能条件，人在现代性的条件下对何谓自主自尊的想法也在调整、在改变。17、18世纪对人的理解是比较简单的，今天我们对人的理解要复杂得多。今天所理解的人不单单是理性的人，追求自我利益的人，而是包括了自然面、社会面、超越面的复杂的人。在这么丰富的层次下，现代人对何谓自主自尊的理解已经远远超过了18世纪，不管是洛克还是康德的理解。

张容南：是否可以这么理解，这种张力也许和现代人对自身的要求、对生活的要求更高有关？比如，现代人对工作有更高的要求，希望一份工作不仅可以维生，还可以实现自我价值，可以实现家庭计划，甚至实现一定的社会价值。

钱永祥：我的意思是，这是一个辩证的过程。我们之所以觉得有张力，是因为我们的自我理解也必须跟着调整，对于自主性有了更踏实、更深入的理解。比如在洛克和康德那里，他们不会考虑"性"在人性中的重大意义。而今天的人经过弗洛伊德和其他很多思想家，经过家庭生活、男女关系的巨大调整，性成为现代人心灵生活和人格生活中很重要的一个面向，这时候"自主性"该如何理解？在性的方面，我们不再接受纯粹自然的男女之分，或者纯粹社会的夫妇之分。人们越来越重视性，知道这上面充满了很多可能性、也充满了暧昧之处，而这些可能性与我们的文化、宗教、社会习俗、制度是有张力的。所以人类还在慢慢摸索。这是历史过程，有的时候是社会改变我们，有的时候是我们改变社会。资本主义或者现代社会的其他制度安排，都在与自主自尊的要求相互调整、相互滋润，当然也必然相互压抑、相互冲突。资本主义对人造成的伤害和异化我们都很熟悉。但是资本主义也让我们认识到，人在生产的过程中对产品的分配是有发言权的。现在不光是资本家，还有工人、经销商和消费者都意识到自己对产品是有发言权的。这不是说这家价格高了去那家买，而是我们可以说这个价格是不合理的，我们可以提出价格合理或不合理的争论，消费者参与到了商品市场化的过程中。这说明资本主义的发展与个人自我意识的发展一直在竞争，在辨证的过程中互相修改。

张容南：所以您可能不会接受马克思对资本主义下的那个结论，您觉得资本主义作为一种实践形式在不断调整和修改？它不会像马克思说的那样由于内部无法克服的矛盾而走向灭亡？

钱永祥：我相当接受马克思对资本主义的批判，并且拿它跟自由主义相对照。比如马克思认为,因为资本家掌控了生产资料,所以他们攫取了剩余价值,这是一种剥削,应该受到批判。这个分析的确有助于我们思考一系列的问题,包括自由主义很关心的分配正义问题,对此自由主义有深入的讨论。又比如资本主义制度之下的异化问题,让我们理解没有异化的生活应该是什么面貌,在此自由主义应该采纳马克思更为深刻的视野。然而,从马克思的时代到今天,资本主义仍然存在,我们并不确定它在未来会崩溃或者消失。此外还有许多力量,马克思认为它们不足以与资本主义抗衡,但随着历史的发展,它们多少在节制资本主义。比如工人运动。马克思认为,工人运动没有什么选择,必须推翻资本主义。但其实工人运动可以有很多选择,比如可以以改良主义的形式,或者以罢工、抵抗,甚至以夺取政权的形式去改变资本主义。工人运动对资本主义的后果起了一些修正的作用。再比如现代国家,尤其是民主国家。国家的力量在今天这个世界是相当强大的。国家并不是替资产阶级管事的委员会。在民主的压力下,政府要做很多事情去节制资本主义,去修正资本主义的结果。马克思对资本主义的分析是有见地的,但他没有正视其他因素的作用对资本主义可能带来的改变。在今天,资本主义并不是决定一切的力量。国家的力量,工人运动的力量,甚至消费者的力量,都会给资本主义带来一些改变,我们要看到社会的多种力量。

张容南:听起来您似乎特别乐观。资本主义与现代国家的关系,是很重要的一对关系。您认为现代国家在很大程度上能够遏制资本主义带来的某些不良后果,但也有很多思想家如齐格蒙特·鲍曼(Zygmunt Bauman)认为国家的政治力量在资本主义面前变得越来越弱。当一些全球性的议题出现的时候,我们发现国家能起的作用十分有限,国家的政治力量对资本主义的全球扩张约束力很弱。

钱永祥:一个历史的论断是否有效,往往取决于您截取的时段有多长。当然,像鲍曼这些思想家是有深刻洞见的。从20世纪70年代末期开始,随着新自由主义的兴起,我们看到的好像是国家力量的逐渐减弱。因为全球化的资本主义似乎不受单一国家政权的限制。但当人类发现这里面出现了问题并且造成了很大灾难的时候,慢慢地就会有别的力量出现去制衡它。我并不是一个特别乐观的人,我意识到人类的有限与丑恶。但我相信人类在进步,道德在进步。如果没有这个假定,我们如何有指望地生活呢,我们做一切事情不就徒劳了么? 同时这个假定并不是盲目乐观。上面我们提到哈佛大学的平克教授这个月的新书,论证人类的历史是一部暴力减少、人道增多的道德进步史,引起了热烈的争论。

人类在往前走,有时快,有时慢,有时会有转折,会有几十年的灾难,比如20世纪打过两次世界大战,之后是军备竞赛,冷战。那么,现在看来,人类有没有吸取20世纪的经验教训呢? 我们还在看。包括这次的"占领华尔街",在美国出现如此大规模的反对资本主义丑恶面目的运动,这个运动最后会产生什么效果,造成什么冲击,甚至它能持续多久,我们还在看。我相信,即便这次占领华尔街运动本身没有什么效果,但那种对资本主义高度批判的意识,那种必须对资本主义进行管制的要求,大概是自从20世纪70年代以后没有出现过的事情。我自己是从70年代过来的人,那个年代对资本主义、战争和帝国主义有强烈的批判。那一波的批判有没有产生好的结果? 有,我认为就是在文化领域、个人生活领域和社会领域的开放与多元。但与之搭配的、与之同时兴起的还有新自由主义。新自由主义的兴起带来了国家力量的退缩。现在又过了三十年,我们看到对资本主义新一波的检讨。当今天的人把开放和多元当做基本价值的时候,他们对资本主义的批判,对国家权力的要求,我相信会产生不一样的结果。

四、共同生活的基本条件

张容南:钱先生,您可能了解,目前很多中国人感到忧虑,好像人们的道德底线已经崩溃了,人与人之间的互帮互助变得困难了。所以我想问一个大家都很关心的问题,您觉得,在一个社会中,人们共同生活的基本前提是什么? 比如在信任缺失的情况下,人和人怎么相处呢? 理想的社会状况是什么样子的?

钱永祥:您的问题很大,我没有答案,但也许台湾的例子有点参考价值。台湾也有过一段时间社会很混乱,大家感到社会道德崩溃是很严重的问题。我记得当年李国鼎先生提倡"五伦"之外的第六伦,也就是处理五伦之外的人际的伦理。所以那种对道德秩序崩溃的恐慌,其实很多社会都有。可是今天的台湾很少再听到这种说法了。回到您刚刚提到的信任缺失的情况。我想说,人与人之间缺乏信任是一个结果。不去看原因,我们很难直接去处理那个结果。为什么人们之间会彼此不信任呢? 有一个原因是社会生活运作的规则本身并不合理,缺乏普遍适用性。假设在社会中人与人相处的规则很明确,并且这种规则不因特定的势力而改变,大家在行为的时候便会清楚得多。有了明确的社会规则后,当发生冲突时,可以按照规则来处理。即便某一方对处理的结果不太满意,但因为他承认这个规则,所以他会接受这个结果。因此,您刚刚提到的人与人之间缺乏信任,我觉得那是一个结果,这个结果的产生是由于没有能够让我信任的规则。如果没有规则保护我,我只能仰仗陌生人的善意。但是陌生人的善意在任何社会都不太可靠。在很多社会中,人们愿意互相帮助,是因为他知道有一套规则可以保护他。规则的明确和公正是让人与人之间的信任可以增加的原因。在现代社会,大家都是陌生人,当然无法判断陌生人的用心与品格。如果碰到每一个人都要先去判断他的品格,那么到最后我可能就不会去做道德的行为了,因为判断可能是错的,有很大的风险。现代社会的各项制度运作,都要靠相对明确的规则。对自由主义者而言,规则的明确是很重要的要求。所以康德讲道德律,罗尔斯讲正义的原则,他们都希望通过这些规则成形的过程来让人们接受和信任规则。用程序正义的方式让人们感到这套规则公平地考虑到了自己的利益,按照这套规则来行事,是我能够接受的。人们常常说自由主义太规则化、太原则化,但是不讲规则,不讲原则,你没有办法面对现代这种由陌生人组成的社会。我们很容易跟家人、友人相处,因为我们了解对方,但是,道德必须考虑如何让陌生人相处。我们要认清这个现实条件,就是大家都是陌生人。现代道德无需对人格抱有太高的期望,而是求助于规则。所以重建社会道德的时候,怎么样让规则尽量地明确、客观,可能是一个必要的条件。没有规则的话,只能寄希望于每个人成为贤人,我们都知道这是不可能的,我们自己都做不到,所以我们要改变那种苛求人心的传统思维方式。另外一个我觉得很重要的条件是,要让这个社会平等。我认为平等是维持合理人际关系的一个要件。

张容南:关键是什么意义上的平等。比如受到马克思主义的影响,还有中国传统思想中"不患寡而患不均"的影响,中国人比较看重财富分配结果的平等。相较于这种注重实质平等的倾向,西方人则比较在意在规则面前的平等或者说抽象权利的平等。所以您说的平等是何种意义上的平等呢?

钱永祥:我讲的是规则适用性的平等。其实平等是一个需要细致界定的概念。毕竟,平等似乎要求一样的对待,但所有人都不一样。

张容南:我同意这一点。人类发展的最终目标是实现丰富的、独特的人性,是人与人之间的不一样。目前中国社会需要规则的平等。否则就不会有人说"我爸是李刚"了,权力可以轻易地僭越规则。

钱永祥:是的。我想在今天的中国,平等绝不仅仅指经济意义上的平等,更有政治意义上的、社会意义上的、包括性别意义上的平等,还有区域和地域上的平等。

张容南：欧美国家讲"身份政治"（identity politics），它处理的是由于社会成员特定的身份归属而产生的政治不正义问题，其实中国也有身份政治的问题，只不过对一些西方社会来说造成其成员差别待遇的是性别、种族、宗教信仰这些东西，而在我们的国家可能是城乡、地域和性别这样一些东西。但问题是类似的，它们都是以身份作为分享社会权益和获得社会资源的依据。

钱永祥：是这样的。所以您谈到共同生活的基本条件，我觉得平等很重要。

张容南：您谈到的平等，我可不可以这么来理解：一个是你说的规则适用性的平等，另外一个是身份的平等。

钱永祥：正是如此。我们每个人最重要的身份是公民，尽管我们还有其他一些身份，比如家庭的成员，学校的教员。但公民身份是最根本、最重要的，它是一系列法定权利和义务的载体，它是受到法律保护的身份。既然公民是平等的，这些权利和义务当然也是平等的，比如受教育的权利，获得法律保护的权利，私有财产的权利，等等。今天中华人民共和国国民的公民权是平等的，我们没有两种公民或三种公民。然而即便如此，我们的一些制度和政策还是采取了对公民的区别对待。户籍制度是一个。还有比如在北京没有北京户口的人或者没有五年以上纳税证明的人不能买房子。即便政府是出于善意——遏制房价过快上涨——出台这样的政策，但为什么外地人作为中华人民共和国公民的待遇和北京市民的待遇不一样呢？这些问题都牵涉到平等。很多人对平等有误解，认为平等是无差别的待遇。其实很多时候平等是有差别的待遇，但是，差别待遇要有差别待遇的理由。

张容南：正如罗尔斯对正义的定义，它是作为公平的正义。正义要求人们得到平等对待，除非有适当的理由区别对待他们。

钱永祥：是。您知道迈克尔·沃尔泽。他在《正义诸领域：为多元主义与平等一辩》一书中就提出，在不同的领域分配物品的正义原则不一样。比如在学术领域，完全是精英制，看个人的成就和表现。成就越高的人，就享有越高的待遇、权力和尊重。但是在住房领域，就不能按照这个原则来分配物品。这会破坏明确的规则，破坏规则的平等适用。

今天在谈社会道德崩溃的时候，很多人的想法是找到一套社会道德的规则，然后把它灌输到每个人的心里去。我觉得这种做法是徒劳的。徒劳指的是相信人心可以决定社会道德的品质。如果完全按照人心来决定社会道德的品质的话,大部分的社会都会很糟,因为人心很脆弱,本来就不足以支撑那些必需摆脱私利、必需普遍适用的道德要求。常有人说,越发达的社会,人心越糟,因为被刺激起来的欲求太多。可是比如到了农村,看到一些老农,觉得他们很朴实,很善良。但反过来说,老农也是人,七情六欲跟我们一样,为什么要对他们格外上纲?不公平的。

张容南:我们容易美化一些事情,比如认为过去是好的,或者朴实的农民是好的,但真相也许复杂得多。所以您觉得用一套好的制度去约束人,去驯化人,比指望人心要来得可靠?

钱永祥:这是自由主义者长期以来的一个想法。儒家对人心有很强的期待,相信可以通过修身来改变人心,形成社会秩序,但是真正的秩序根本不可能从主观的动机产生,何况人心的有限(包括资讯的有限、善意的有限)使然,我们往往并不会作出最好的选择。所以,简单来说,我觉得在一个社会中,人们共同生活需要有明确的、公正的社会规则作为指导,人与人在规则面前是平等的,这样人们才有信心一起生活,一起合作。

公民共和主义:理解与辩护 *

【美】迈克尔·桑德尔　朱慧玲

2009 年 9 月到 2010 年 7 月,朱慧玲博士在哈佛大学访问期间与桑德尔教授进行深入交流。在交流过程中,桑德尔教授澄清了自己的公民共和主义立场,为该立场的核心观念提供辩护,使之区别于共同体主义和自由主义的相关观念。针对公民共和主义在当代发展面临的难题和质疑,桑德尔教授提出,应当发展公共空间,避免公民教育的强制性,使得多元主义成为一种有益于公民共和主义传统的源泉,从而对自由主义在当代社会的主导性地位予以积极回应。

一、共和主义:在自由主义与共同体主义之外

朱慧玲:桑德尔教授您好,能有这样一个交流的机会我深感荣幸。我们都知道,您与几位当代哲学家如阿拉斯戴尔·麦金泰尔、查尔斯·泰勒以及迈克尔·沃尔泽一起被称为"共同体主义者"。不过您却不情愿接受这一标签。而且在我看来,您在后来的《民主的不满》与《公正:该如何做是好?》这两本书中更多地倾向于共和主义的传统,强调共和主义的核心观念而避免共同体主义的概念,并似乎将自己定位为一名公民共和主义的当代复兴者。那么,您对于共同体主义和共和主义有什么看法呢? 这两者之间有什么区别呢?

桑德尔:我从来都没有用"共同体主义"来描述我的观点,而是其他人用它来描述我的观点的。我之所以不用"共同体主义"是因为:共同体主义可能意指

---

*　　迈克尔·桑德尔(Michael Sandel),时任哈佛大学政府学系教授;朱慧玲,时任首都师范大学哲学系讲师。

不同的事物。"共同体主义"通常意味着：正义仅仅取决于那些在某个时刻、在某个共同体内恰好盛行的各种价值观。这并不是我要接受的那种正义观念。因为，如果将正义仅仅与那些恰好盛行于某些特殊的共同体内的价值联系在一起，就会使正义完全成为一种传统、成为一种恰好所是的东西；而这就剥夺了正义的批判性特征。这也会导致一种大多数的"共同体主义"。如果我的或你的权利，仅仅是我们所处的共同体所恰好支持的任何事物，那么，该共同体的大多数就不会认识到某些重要的权利。以宗教自由为例，假设该共同体内的大多数人都不喜欢一个少数群体，并且想要禁止他们的宗教、或者迫害他们。那么，该共同体的价值观是什么呢？它的价值观可能会对这个少数民族宗教存有恶意。因此，如果"共同体主义"意味着，我们要根据共同体的价值观来界定权利的话，那么它就会导致多数主义；后者可能会导致多数人压迫少数人，而我并不支持这一点。这就是为什么我不使用"共同体主义"来形容我自己的观点的原因，因为我反对多数主义，反对多数主义这一术语的含义。现在，我能够理解，为什么人们会对我使用"共同体主义"这一标签，因为我反对"无约束的自我"、我反对这样一种观念：我们所肩负的唯一义务就是我们所选择或设定的义务，我反对这一点，我还呼吁要更加认真地对待共同体，将其看作是身份和道德责任的源泉。

但是，根据共和主义的理论，政治参与的生活以及公民生活同样具有特殊的重要性。因此，在《民主的不满》一书中，我使用了"共和主义"或"公民共和主义"来描述我的那种与自由主义相对立的观点。"共和主义"或"公民共和主义"比"共同体主义"更接近我心目中的观念。因为我认为，参与政治、服从于公共善，是良善生活一个重要的方面。而"共和主义"涉及这样一种政治哲学：它强调公民美德和公民参与政治是良善生活的一个方面。正如你所提到的，卢梭是"共和主义"观念的来源之一，他具有很强的公民和公民美德的观念；亚里士多德也是"共和主义"思想的来源之一，因为他的"城邦"和"公民"观念将政治参与看做是良善生活的一个部分。因此，在《民主的不满》一书中，我试图说明，自由主义的传统、自由主义的个人主义是美国政治经验中的一个重要部分，不过它并非是仅有的一部分。我试着说明，更强的公民权的观念、公民美德的观念——共和主义的观念——同样也是美国政治经验的一部分。所以我使用了"共和主义"、"公民共和主义"，而不是"共同体主义"来表达那种强调公民美德和政治参与的观念。共和主义的另一个特征也吸引着我，它为那种在许多社会中为人们所熟知的政治提供了一种批判性的视角。我批评这样一种观点：政治仅仅是在于追求利益，如特殊的自我利益、消费利益、市场利益等。共和主义的传统对这样一种政治观点提出了质疑——这种政治观点所关心的完全在于追求利益；与此相反，共和主义认为，我们不仅仅是消费者，我们也是公民。因此我们的目标应当在于公共善，而并不只是我们的个人偏好和利益。这些就是我在共和主义和共同体主义之间所看到的差别，这也部分解释了，为什么共和主义能更好地解释那存在我心中的、我也正努力去发展的伦理。我说得明白吗？

朱慧玲：是的，您说得很清楚明白，我在很大程度上同意以上您所说的。共同体主义有时候的确具有"多数人暴政"或"多数人主义"的危险，这也是给您贴上"共同体主义"这一标签的人所要表达的一种讥讽意味。同时我也觉得，共同体主义并非是一种系统的理论，它所要表达的只是对共同体文化、共同体价值的强调与重视，而并没有更为细致的理论支撑与框架构建。因此并不足以成为与自由主义相抗衡的理论，它甚至都不足以被称为一种"主义"。因此，我认同您对共和主义理论的偏好。要想更加深入地反对自由主义的原子式自我、政府中立性以及对个人权利、消费利益、市场利益等，共和主义传统要比共同体主义更能胜任。另外，我在研究您的著作与文章的基础上，认为您最关心的问题是道德与政治的关系问题，反对将道德与政治剥离；因此我将您的政治哲学立场定位为共和主义者，而并非目前普遍公认的共同体主义者。那么，与此相关的另一个问题是：您刚刚也提到，共同体主义与共和主义这两者都很注重公共善，您认为它们具有不同的公共善概念吗？

桑德尔：我非常同意你对共同体主义的看法以及对我政治哲学立场的界定。至于你提出来的关于公共善的问题，这个要取决于你所说的"共同体主义"意指什么。如果你基于我们刚刚所说的那种对共同体主义的理解，那么，它们的确在公共善的观念上有所差别，具体体现为以下几个方面：如果我们将共同体主义的观念理解为这样一种观念——它认为人权的正当性辩护，应当依赖于特定时期在特定共同体内盛行的各种价值观，那么，"公意"就仅仅依赖于该共同体的传统；而在共和主义看来，善观念不仅仅取决于共同体中此刻所流行的各种价值观。在一种独立的观点上，我们可以批判某些盛行的观念。共和主义的善观念与培养公民美德有关，这些公民美德将使他们能够很好地商议公共善，并去关心公共善，而不仅仅是关心个人利益。共同体主义的观念可能并不包括这些价值，它可能完全依赖于那些作为一种习俗而恰好存在于该共同体的传统之中的价值观。共和主义的善观念体现出某种自由理念以及那种最佳生活方式，即：共享自治。关于公共善以及这些善目的商议，并不一定要体现于该共同体或传统之中。

那么，共和主义的自由观就将与该传统处于一种对立的关系之中，它不会仅仅接受那些恰好流行的各种价值观。这是一种解释共同体主义和共和主义之间善观念之区别的途径。不过，我这里所设想的共同体主义意指某些传统主义、或大多数主义的观点，它们采纳任何恰好体现于传统之中的各种善观念，并试图根据这些善观念来统治。

朱慧玲：按照您的这种解释，共同体主义所说的共同善与特定共同体及其文化绑定在一起，而共和主义的共同善则脱离了特定的共同体文化与价值，而与整个国家、公民德性紧密相连。但这种共同善也有可能是另外一种扩大了的共同体的共同善，它仍然有可能带有多数人的暴政及强制性危险。这也是当代自由主义者们对共和主义传统及其公共善保持警惕的一个原因所在，也是公民共和主义传统在价值观多元化的当代所必须要面临的一个难题。另外，在对理查德·达戈尔（Richard Dagger）的回应中，您区分了两种自由主义：至善论自由主义与程序自由主义；并澄清您所反对的并非至善论自由主义，而是程序自由主义。此外，您认为，在强调公共善这一点上，共和主义与至善论自由主义有着共同之处。这是否可能成为您将这两者结合起来的一种通道呢？

桑德尔：我同意你所说的，共和主义在当代复兴需要解决的最大困难就是如何避免强制性，这是共和主义在当代最容易受到攻击的地方；另一个难题是不同民族或共同体的道德或政治认同问题，经济的全球化在本质上要求一个更为普遍的政治形式，但不同的族群、宗教和国家却未必能够认同。的确，我说过我不反对至善论自由主义。在我看来，至善论自由主义与共和主义之间的相似之处在于：它们都反对中立性；都反对这样一种观念：政府能够或应当中立于那些与品质和善相关的问题。它们在这一点上是一致的，不过它们在与品质、德性以及良善生活有关的特殊观念上，存有分歧。一个至善论的自由主义者，如约翰·斯图亚特·密尔（John Stuart Miu）会认为：最佳的生活方式，就是作为一个自由选择的自我以符合自由意志地生活。作为意志自由的、选择的自我，是最高的、最佳的生活方式。因此，政府应当试着培养和教导人们去过一种意志自由的生活，而并非是一种遵循传统或某种特殊习俗的生活。这是至善论支持自由主义的理由。因此，它接受这样一种观点：某种善观念是最高的；它还试图鼓励或教导人们去过这样的一种生活。在这种意义上，它并不是中立的。因此我同意至善论自由主义的观点，即：政府应当试着去培养和鼓励那些好的生活方式，而排斥那些不好的生活方式。不过，我并不同意至善论自由主义者所说的"最高的理想、最高的善,就是意志自由地生活、并成为一个选择性的自我"。所以,至善论自由主义与我所说的共和主义既有相似点又有区别。我认为,"思考那唯一的、主要的、成为一个好人的方式,就是去过一种意志自由的生活、并成为一个选择性的自我",这一观点会丢失一种重要的人类经验的安排。它虽然是人类生活的一个方面,但批判性地去思考传统、而不是盲目地遵从,这也是生活的重要一个方面。在这方面,我不同意至善论自由主义的观点,我认为除了意志自由,还有其他的价值和善。

朱慧玲:按照您这种解释,至善论自由主义与公民共和主义最大的区别就在于共同善的具体内容不一样。如果它们能够互相吸收和融合,那是不是会更加符合您的理想呢? 根据我的理解,公民共和主义传统在当代得从自由主义那里吸收一些东西,它无法抛弃或否认个人权利、自由、多元文化等核心价值观;而自由主义也应当接受公民共和主义传统关于公民德性、关于最佳生活方式的讨论;并且似乎它们也一直就是这样发展的,在对立中有所融合。您认为自由主义、公民共和主义等观念或思想传统,在未来会怎么样进一步发展呢? 它们会进一步融合吗?

桑德尔:我认为,过去20年关于自由主义的哲学争论,已经囊括了很多对程序自由主义的批评与质疑。因此,已经有了一种革命性的、连续的关于自由主义价值观之本性、自由主义之意义以及自由主义在何种意义上肯定某种善的对话。目前有很多关于这些问题的争论,并且有些人在这种争论中表明了不同的立场。现在有很多人都在试着去澄清、维护这样一种自由主义——它不依赖于中立性和无约束的自我,而肯定某种善并试图在一种自由主义的维度去采纳这些善观念。我认为,公民共和主义的传统已经试着顾及到多元主义,而后者则是许多自由主义哲学所强调的。有很多种共和主义,它们并不是多元的。因此,我认为,自由主义可以通过强调多元主义以及关于善的分歧,而成为对共和主义传统的一种纠正。

朱慧玲:在吸收了别的批判性的观点之后,它们还是原来的那种理论吗? 会不会产生一种混合体?

桑德尔:你可以称之为混合体。我从来都没有要攻击或批判这种自由主义。我所批判的,只是那些坚持认为政府和法律必须中立于各种不同的良善生活观念的自由主义,也可以称之为程序自由主义。不过,自由主义的传统要比程序自由主义更加宽泛。自由主义的传统还包括那些并不坚持中立性的观点。像托克维尔这些人,可能被界定为一种特殊的自由主义者,他肯定不是一名程序自由主义者。他很活跃地强调政治参与的教育作用。只要托克维尔能被界定为一名自由主义者,那么,我就不会反对这种托克维尔式的自由主义。这里,你可以说有一种混合体,因为托克维尔同样也与共和主义有着关联,因为他强调政治参与以及政治参与所具有的教育性、型塑性的意义。所以就有了这样一个例子:有些人部分地属于自由主义的传统,而有些人则部分地属于共和主义的传统。不过,他在政治上和哲学上的观点,与我所批判的那种程序自由主义的观点截然不同。

朱慧玲:但这样的话,自由主义与公民共和主义之间的界限就非常模糊了。因此也有些学者认为,鉴于自由主义的盛行以及许多关于各种主义的争论,比如自由主义、共同体主义、共和主义等,以及它们之间不得不融合的发展趋势,我们到了该抛弃这些"主义"标签、而仅仅讨论具体事物和个体权利本身的时候。对此您有什么看法呢?

桑德尔:我在某种程度上是同意这种观点的。这些"主义"可能具有误导性。因此,我们要联系具体事务来推理或思考各种哲学观念。与此同时,我认为,我们能够推理和思考具体道德和哲学问题的唯一途径,就是从正义理论以及善理论的框架出发。在我看来,仅仅试着不带任何哲学框架和立场来解决所产生的各种问题,并不是一种很值得追求的方法。因此,我虽然同意:各种"主义"经常错误地描述了这些立场;不过我却认为,我们仍然需要一些宽泛的哲学原则和框架,以帮助我们更清楚地思考具体问题。

二、权利问题:三种视野及其证明

桑德尔:澄清我身上共同体主义标签还有一种途径,就是要说一些与权利有关的内容。因为人们有时候会认为,共同体主义者反对个体权利,对不对?

朱慧玲:是的。因为共同体主义这一标签意指一种反对自由主义的理论,因此,有时候人们会误认为它反对自由主义的一切。而实际上,在我看来,共同体主义并没有反对自由主义所强调的个体权利、自由平等等核心观念;相反,它甚至要接受自由主义关于个人权利的某些主要主张,这也是共同体主义的一个尴尬之处。或者是否可以说,共同体主义并不一定是自由主义的对立面,很可能是像金里卡等人所说是,是自由主义的补充?

桑德尔：实际上这里的问题在于，个体权利如何在哲学上获得正当性证明。因此，我与当代自由主义者们所发生的争论，真的不是关于"我们是否应当尊重个体权利"。我认为它们应当得到尊重，自由主义者们也认为它们应当得到尊重。所以，我们之间的争论不是关于"个体权利是否重要"，而是"我们应当如何证明和维护个体权利"。我们在回答如何维护个体权利、如何证明和论证个体权利这些问题时，产生了一个争论。我认为，论证个人权利，如言论自由权、思想自由权以及宗教自由权，就是从某种善观念、某种特定的德性观念而进行的。例如，我会说，言论自由权很重要；不过，自由主义那一方也会得出这样的结论。但有些自由主义者会说，权利的正当性证明不应当依赖于任何一种特殊的、关于良善生活的观念，而应当带有尊敬地中立于各种道德观念，并应当只尊重个体自己作出选择的权利。

朱慧玲：如果如您所说，您与自由主义者之间的争论并不在于个体权利是否重要，双方都认为个体权利很重要，都应当得到尊重，你们之间的分歧仅在于这些个体权利应当如何得到证明和维护，那么，这里所说的个人权利具体指哪些呢？您认为您所辩护的个体权利与自由主义所说的个体权利是一样的吗？如果具体内容一样而只是辩护方式不一样，那么你们之间还有本质性的差别吗？

桑德尔：我并没有具体地讨论个体权利。当我讨论人权时，我所涉及的是康德的"将人当成人而加以尊重，无论他们居住在何处，以及他们是谁"的那种论证。人类是理性的存在，这是康德式的对人权的论证。我认为，在这种观念中确实有着某些道德力量；不过，我认为这并不是唯一一种论证人类权利的途径。我相信人们也可能这样进行人权论证：即，作为对一种人类共同体或全球共同体之成员的共享身份一种表达。因此，我既可以从康德的那种尊重人的立场出发进行论证，而当涉及到的共同体是全球性的时候，我也可以从团结、成员的立场来进行论证。那么，这两种不同的、对人权的论证方式，是否达成同样的权利清单；或者它们在实际中是否推导出不同的人权观念？这是一个很复杂的问题。

朱慧玲：但如果不具体讨论个体权利，不列出您所尊重和强调的具体的个人权利，就会让更加模糊自由主义与共和主义之间的区别。这两种理论基于各自所强调的核心价值和思想传统，对个体权利界定应该会有所不同。公民共和主义在当代的复兴也应当明确列出它所强调和保护的具体的个体权利，甚至是要列举出与自由主义不同的个体权利以凸显公民共和主义独特的关注点。因此，如果不具体地讨论个体权利,可能会模糊两种理论之间的界限,也让人不清楚公民共和主义在当代复兴的要点。有些人甚至据此认为,您实际上是一位自由主义者,只是在以不同的方式支持个体权利和自由主义。对于这一点,您是怎么看的?

桑德尔:嗯,为了回应这种反驳,我不得不说明:这两种辩护人权的方式——康德的那种方式与那种诉诸团结和成员观念的方式——有着多种政治上的和道德上的不同。如果你以那种康德的视角来看待的话,那么我们将他人当做人来对待的这种义务,就总是要优先于那种源于成员和团结的道德义务。根据第二种观点以及第二种辩护人权的方式,也即诉诸全球团结的方式,就会在全球性团结的要求、与我们所拥有的特殊共同体身份和道德纽带的要求之间,存在一股张力。从第二种观点来看,不存在凌驾一切的、击败所有道德考量的特权位置。因此,在我看来,这第二种辩护人权的方式更加具有合理性,因为它认识到,我们占据着一些共同体的维度,而这些共同体具有义务。从人类的共同体来说,它为了某种目的而需要全球的团结,需要从全球性的团结到更为特殊的团结,如家庭、邻里、民族、国家等。

我认为,有时候我们确实会遇到一些真正的冲突和张力,这些冲突与张力存在于那种为了全球性而行动的要求,与为了特殊共同体(如国家、地方和家庭等等)而行动的要求之间。这就是为什么我认为,第二种理解人权的方式,在不同的共同体中都具有源远流长的表现。因此,有很多种不同的渊源来理解人权的定义,它们可能产生于不同的文化和传统,也可能产生出一系列不同的权利。

例如,假如我们是在讨论那种不被折磨的根本性人权,那么,我认为这些文化差异并不重要。不过,别的人权,比如那种与一项体面的教育相关的权利又会怎样呢?康德说,履行一项权利,如受体面教育的权利,可能在文化上是具体的,并可能产生出这些问题:教育是由什么形成的?它所为之培养公民的那个公共生活是什么样的?因此,我们所居住的特殊共同体中的那些具体的权利,使我们认识到我们对他人所具有的各种义务之间存在张力,并因此使得人权的前提和定义与它们所赖以产生的各种道德文化之间的联系更加密切。

关于个体权利,自由主义与共和主义之间的主要区别在于:由于共和主义关心自治和公民美德,因而它强调,权利与共享的公民生活有关,包括言论自由权、政治集会与政治讨论权、意志自由权。按照自由主义的传统,如果你所说的自由主义意思是指"基于意志自由"的政治理论观念的话,那么,人们就不会将公民自由和公民权利置于优先地位,而是将选择的自由置于优先地位,无论它是否与公民生活相关。那么,我们将根据所作选择的重要性来解决这一棘手问题:选择的自由是否更加重要? 虽然那种参与公民生活的自由、讨论公民美德的自由以及共和主义的观念,可能会拥有较少的权利条目,不过却比那种将权利与自由选择联系起来的观点,能够更加无条件地去维护这些权利——不是看这些选择是否重要,而是看它们是否与重要的善,如自治和德性公民美德的善相联系。

朱慧玲:我们很自然地过渡到了自由的问题。自由主义区分积极自由和消极自由,当代共和主义者菲利普·佩蒂特提出了第三种自由观:非支配的自由。您在其他地方曾经强调自己的共和主义立场,并赞成强版本的自由观,将参与政治生活看作是自由的根本性价值。在强版本的共和主义视域中,政治参与是对于实现自由具有本质性的价值而非工具性的价值,同时它也是公民德性的重要维度。那么,您所赞成的这种自由观与自由主义的自由观之间根本性的不同在哪里?

桑德尔:是的。我会将这一点与我所认为的一种不太重要的思考自由的方式(市场中的自由、消费者的自由)进行比较。如今,我们所说的"自由"、"自由选择"都经常脱离共和主义的传统,而仅仅意味着消费者通过参与市场而追求满足的那种自由。我认为消费者的自由、市场的自由没有公民自由重要。有些人会认为我是在作出一种评判。我对此表示同意,我也会接受。这的确是在作出评判,并且这种评判是:我们作为公民所行使的自由,要比我们作为消费者所行使的自由更加重要。我们作为公民所行使的自由涉及到对公共善的商议;而我们作为消费者所行使的自由只是在于寻求那些我们恰好想要的东西、企图去满足我们的偏好。那种被理解为一个消费者在市场中追求满足各种偏好的自由,没有那种商议公共善的自由重要。

朱慧玲:结合前面的论述,自由与权利是紧密相关的,对不同自由的强调也会衍生出对不同权利的强调。我比较倾向于同情公民共和主义,但公民共和主义传统在当代复兴时,并没有很好地阐明自己的自由观,在强版本的自由观与弱版本的自由观之间模糊不定:选择弱版本的自由观似乎与自由主义太近,而选择强版本的自由观又容易遭到反驳。与此相对应的是,当代公民共和主义也没有提出和倡导具体的权利条目并指出它们与自由主义个人权利的不同。那么,您所重视的这种公民自由会衍生或强调哪些权利,它们与自由主义的自由观和个体权利观之间,会有一种张力吗?

桑德尔:不会,问题在于我们应当关心什么样的个体权利。如果你认为公民自由比消费者的自由更加重要,那么你要赋予优先权的那种个体权利就会是参与自治的权利、言论自由的权利、意志自由的权利、宗教自由的权利以及享受某种教育的权利,这种教育将使每个人都能商议公共善。这些是从公民自由中衍生的个体权利。然而,如果你认为自由不过是那种满足我们各种偏好(包括消费者的偏好)的自由,那么从这种观念中衍生的个体权利将仅仅是那种选择、行使选择的权利,而不管人们所追求的目的的道德重要性、不管他们试图去满足的各种偏好的道德价值。因此,我认为,那种源自于第二种观念——满足我的偏好的自由,假如我也尊重他人这样做的权利——的个体权利,会引向一个更宽泛的个体权利观念,不过它与那些具有道德重要性的目的不会紧密相关。

朱慧玲:那么,我能否将这理解为:自由主义与公民共和主义拥有不同的、关于自由和个体权利的理论或具体条目,对不同自由的认可与强调衍生出了不同的个体权利条目?而有时候它们之间的争论是混淆了这两套关于个体权利与自由的理论或具体条目?

桑德尔:是的。让我来举一个具体的例子。有些人会说,向富人征税以再分配给穷人,是对个体权利的一种侵犯;因为人们是通过在市场中进行自由交换、在市场中出卖劳动力而赚到钱的。如果一些人自由地在市场中交换劳动力并赚很多钱,那么他们就享有一种个体权利以决定他们如何去花这笔钱。因此,当政府对这笔钱征税时,政府就侵犯了个人权利。这是一种人们所熟悉的自由主义的自由观。而在共和主义看来,对这种论证的回应可能会是:如果大多数人决定要对富人征税以帮助穷人的话,那么就没有个体权利受到了侵犯。而自由至上主义者们则认为,确实有个体权利受到了侵犯,即财产权、保留我所赚的钱的权利。因此,这就是一个事例,说明从自由主义理论(至少是其中的一个分支,自由至上主义)和共和主义中,会衍生出不同的个体权利观念。在共和主义的自由观看来,根本就没有那种保留你赚的所有钱的个体权利。之所以没有这种权利的理由是:认可这样一种权利,就未必会意识到那种公民参与的、商议公共善的好处。

朱慧玲:正如您刚刚所说的,公民共和主义所强调的公民自由与公民权利,与自由主义的个体权利不同,那么,您认为它们之间会相互冲突吗?

桑德尔:举个例子看看。

朱慧玲：比如，有人可能会依据自由主义的观点说："我有权利不投票，不参与公共事务。"可是，这对于公民自由和公民美德而言，却是一项很重要的权利。

桑德尔：这个例子很好。在我看来，投票或投票权利并非是一种个人权利。它不应当被仅仅看做是达到自己私人性目的的方式，投票的权利是一项公共义务。我认为，每一个公民都有义务去作为一个公民而行为。在一个允许投票的社会，我认为投票是一项公民义务、一项公民责任。因此，谈论不投票的权利，就真的是在谈论那种不履行公民义务的权利。不过有时候，拒绝投票也可能是一种重要的、对被投票选项的抗议。在这种情况下，我认为，不投票的权利也可能是一种表达公共责任的方式。不过在这种情况下，并不是该选民太懒了而不去投票，而是因为他或她其实表达了某种特定的声音或信念。因此，在我看来，这种拒绝的原则可以与公民责任相一致，而那种仅仅出于懒惰而选择不投票的行为，不能与公共责任和公民美德相一致。

朱慧玲：那么，我能否这样理解：您并非像您的反对者们所说的那样，仅仅是以一种不同的方式来为个体权利辩护，而是提出了您自己所主张的一些特定的个体权利和自由？

桑德尔：是的。不过我的主要论证都在于：为公民的自由观而论证。我确实认为，从公民的自由观与市场的自由观中，能够衍生出不同的权利。不过，该如何精确地说明这些个体权利却需要更进一步的论证。我的主要意图在于：给出一些与权利有关的例子，这些权利对于共和主义的自由观而言具有特殊的重要性，并将这些例子与那些在自由至上主义自由观中占据主要地位的权利进行比较，从而试图说明，什么算作个体权利，这依赖于人们所接受的哪种自由观。

三、多元时代的共和主义：公民身份与公民美德

朱慧玲：迄今为止，您对当代政治哲学的发展作出了重要的贡献。我概括了一下，可以主要体现为：一是对罗尔斯的原子式自我、权利优先于善、政府中立性等观念的批评，这主要体现在您的第一本著作《自由主义与正义的局限》当中。二是对共和主义传统的梳理，强调当前占据主导地位的自由主义并非是唯一的政治哲学传统，共和主义传统是一种在近些年才逐渐被自由主义取代的政治哲学理论，而这种取代给当代社会造成了很多问题，因此要在当代复兴公民共和主义的传统；这是您《民主的不满》这本书的主题。三是近几年您在《公正：该如何

做是好?》与《金钱不能买什么?》这两本书中对公民共和主义的尝试性构建,您提出有别于功利主义与自由主义的第三种正义观:基于德性的正义,并在这种正义观的基础之上提出了共同善的政治;努力反对市场逻辑对公民社会的侵蚀、反对市场社会,并试图构建公民共和主义的理论框架。不知道您是如何描述自己政治哲学思想的发展历程呢?是有意识地分为上述几个不同的阶段吗?

桑德尔:20 世纪 70 年代,当我还是牛津大学的一名研究生时,便开始形成自己的政治哲学思想。我曾经一直对经济和福利经济感兴趣,后来我意识到,福利经济依赖于某些假设,亦即功利主义的假设,而大多数经济学都没有检验或质疑这些假设。因此我开始研究功利主义的道德、政治哲学,以及康德对功利主义假设的批评。在阅读康德时,我意识到了道德和政治哲学中的那些更重大的哲学问题。1971 年,罗尔斯发表了《正义论》,它引用康德和康德式的传统来挑战功利主义。我觉得他对功利主义所作的论证是令人信服的。例如,他指出:功利主义没有认真看待人与人之间的差别,而仅仅是将人们的各种偏好相加。他还提出了他的正义理论以及那种在无知之幕背后、在原初状态下思考正义的想法。无知之幕是一种受康德思想的启发而得来的一种思想性的实验:即,我们在思考正义原则时,搁置自己的特殊利益、目的和价值观。而这一点也正是我质疑罗尔斯观点的地方。在牛津就读期间,除了阅读康德和罗尔斯外,我还阅读了亚里士多德、黑格尔、斯宾诺莎以及其他思想家的著作。也正是在这个时期,我关于政治哲学的思想开始形成,我的论文也是对康德式的、罗尔斯式的自由主义的一种批评。那篇论文后来成为我的第一本书,那就是《自由主义与正义的局限》。

朱慧玲:您在当时就已经有了一种明确的立场了吗?我的意思是说,当您在第一本著作中批评程序自由主义的时候,您就已经有意识地在支持某种特定的主义或理论了吗?

桑德尔:那时候我是程序自由主义或康德式、罗尔斯式自由主义的批评者。我当时支持一种政治哲学,它更加强调公民身份、共同体以及公共善。我批评那种"无约束的自我",这种自我观认为,自我脱离其目的和生活故事。与此相反,我为那种"情景的自我"作辩护,这种自我观认为,道德主体的身份由历史、传统、故事以及记忆所形塑,它们也使得我们成为我们所是的特殊的个体。现在,有些人将我当时的观点贴上了"共同体主义"的标签,我对这一标签感到很不安,这是因为:虽然我批判那种无约束的自我观以及康德和罗尔斯的程序性的伦理,但是,我认为正义和权利不能仅仅由那些在特定时期、在特定共同体中流行的价值观而得到界定。因此,我并不反对权利,并且我将权利(包括个体权利)看得非常重要。问题在于,这些权利应当如何得到辩护。它们能以一种中立于各种善观念的方式而得到辩护吗? 权利的正当性是否依赖于某些关于目的和善的论证呢? 因此,我采用了第二种观点,它认为:那些界定我们各种权利的正义原则,不能脱离那些与特殊善观念有关的论证。因此,一方面,我援引了亚里士多德,而在另一方面我援引了黑格尔的观点,并强调:作为道德主体或道德的人,我们属于那些与他人共享的生活叙述、生活故事和生活记忆。因此,这引向了一个比纯粹程序性观念更强的公民权的观念。

朱慧玲:您后来在著作中也明确提到您更赞同亚里士多德的目的论体系和共和主义传统,您在当时就明确了自己要在当代复兴公民共和主义的理想吗?

桑德尔:是的。因为共和主义观念明确强调公民权以及带有特定公民权利的公民身份。在这一层面上来说,我对你这个问题的回答是肯定的,尽管我直到第二本书《民主的不满》中才明确强调了这一点。不过,我与程序自由主义之间的分歧在于:它没有认真对待公民权;它将公民权看做是人们可能选择、也可能不选择的那些价值中的一种,而没有将公民权和公民生活看做是自由的核心部分。共和主义的观点将公民权和公民生活看做是自由的核心部分,我在《民主的不满》一书中更加充分地论证了我的观点中的共和主义内涵。《民主的不满》这本书试图将政治哲学与一种对美国政治宪制传统的解读结合起来。因此,这是一种凸显共和主义的方式,也是一种在我所支持的共和主义自由观与我所批判的程序自由主义自由观之间作出对比的方式。

朱慧玲:在您这几年引起全球关注的《公正:该如何做是好?》一书中,您描述了第三种正义观,它不同于功利主义的正义观,也不同于康德的正义观。这种正义观是不是对您刚刚所描述的那种思想的一种延续性的发展? 在《金钱不能买什么?》一书中也通过各种事例生动地反对市场逻辑的蔓延。这是您复兴公民共和主义的努力。但好像这些更多的是一种立场的表明,并未涉及到具体的核心问题以及理论体系的构建,比如并没有结合前面所说的自由观、权利观构建当代公民共和主义传统。您将会如何进一步发展和构建您的公民共和主义观念?

桑德尔:我正在努力。有三种不同的思想观念、三种不同的传统、三种不同的思考正义的方式。功利主义的方式只是将人们的各种偏好相加,这实际上是一种市场的方式,这种观点潜在性地预设了对国民生产总值的关注。这种功利主义的观点,是第一种传统。第二种传统将正义强调为个体自由和个体权利,这种就是康德的传统。第三种传统强调公民美德和公共善,正是这第三种传统指向了共和主义的自由观。我在《金钱不能买什么?》这本书中详细论述了这第三种方式。我目前正在关注市场的作用以及市场的道德局限。我所提出的问题是:有没有一些善和社会行为,不应当受市场或市场推理的支配? 是不是在一些情形中,市场价值贬低了那些非市场的价值。从这方面来看,这确实是对公民美德和公共善的一种发展。因为在当代,市场价值经常支配着一些生活领域,而这些领域在传统中是由非市场价值、非市场的善所支配的。而且它们包括了许多领域,在这些领域中,市场占据主导地位,并涉及公民善和公民身份。在这一方面,我提出这样一个疑问,即:市场有时候是不是破坏或腐蚀了公民美德和公共善? 进而以此来继续探索那种强调公民美德和公共善的传统。

朱慧玲:我比较赞同您的正义观,正义不应当也不可能与德性相分离;也比较认同您对公民美德与公共善的强调。不过问题在于,我们如何在社会中发展和实践它们? 参与自治、参与讨论公共善的公民不是自发产生的,他们相关的能力需要培养而来。我们如何培养公民美德? 进行公民美德的教育应该由哪些机构来执行呢?

桑德尔:我认为,很多社会机构应当将自己的关注点放在教育公民和培养公民美德上。学校和大学应当教给学生们公民商议的艺术,而不是仅仅教导学生去接受某些法则和法律。它并不仅仅是一种与遵守法律有关的教育,后者只是德性的一部分;它应当也是一种推理的教育、商议公共善和公共事务的教育。因此,我认为学校和大学应当使学生们具备一些必要的技能,成为有作用的公民,能够理解公共事务以及能够共同推理和商议我们在公共善之意义问题上所可能具有的分歧。同样,理想地,公共生活自身也能够、也应当是一种实施公民教育的机会,如公共节日、公共庆祝应当成为公民练习他们商议公共善和思考正义之能力的机会。因此,学校和大学以及理想的公共机构,都应当给公民提供学习技能、练习公共德性的机会。

朱慧玲:许多自由主义者们担心,如果政府试着进行公民美德教育的话,可能就会有强制的危险。因为在一个价值多元的社会,人们可能会有不同的关于良善生活和公民德性的观点。而如果政府进行教育的话,就可能会扶持一些,而变相地不支持另一些。这便会产生某种压迫与强制并遭到人们的反对。例如美国的亚米希人（Amish）要求退出义务教育体系，认为这种普遍化的教育会逐渐消融他们独特的共同体文化和价值观。自由主义可能会出于对个体权利保护和多元主义的背景而较少强调公民教育，尤其是公民德性教育。然而，对于公民共和主义而言，公民德性和公民参与政治的能力具有重要的价值，这些都需要通过公民教育来培养。因此，公民共和主义在当代的复兴需要直面这种担忧，并提出更好的解决进路。不知道您是怎么回应这个问题的？

　　桑德尔：我认为这是一种合理的担忧。因为无论什么时候，只要国家试着去给公民进行某些价值观的教育或鼓励他们去追求某些价值观，就会有强迫的危险，而且这种危险是真实的。从历史上来看，我们了解很多例子，因此，我认为这是一种真实的担忧。问题在于，我们怎么才能最好地防止政府的这种强制性的趋势。我认为，最佳的防止政府具有强迫性的途径，并不是去创建一个中立性的公共空间，而是去创建一个有活力的公民社会、一种公民的民主生活，其中，人们能自由地相互讨论、并自由地不认同国家和政府的观点。

　　朱慧玲：的确，一个有活力的社会不应当是同一种声音的重复，而应该是多种声音的理性商讨，公民共和主义所强调的公共善也不应当是同一的善，而是公民慎议之后所形成的对于公共善的认识。因此，一种合理的、避免具有强制性的公民教育以及公共善，都需要融合不同的意见，尤其是在当代文化价值多元化的背景之下。我想知道您对于多元主义是一种什么看法？我们所处的这个社会越来越多元化，这是一个事实，而这个事实与传统的、最初的共和主义观念并不一致，或者说古典共和主义（像亚里士多德的共和主义传统）在当代多元主义的背景之下很难适用。对此您是如何看待的呢？您所倡导的公民共和主义理论会如何解决这一问题呢？您能将多元主义与共和主义传统很好地结合起来吗？

　　桑德尔：我认为共和主义应当不仅仅是接受多元主义的事实。对共和主义而言，最好的方式就是去赞颂和肯定多元主义。确实，我们生活在多元社会中的这样一个事实，使自治的谋划更加复杂，也使确立政治和公共善更加复杂；因为人们在价值观上、宗教观上、文化观上存有分歧。我们可能更加难以形成一种共享身份和共同目的的情感。因此，在一个多元社会中，我们更难形成一种共同善的政治。不过，与此同时，多元主义也可以成为共和主义理想的一种资源、一种优势或力量。它在某种程度上使一个社会更好，其原因在于：它在公民中间开放地、不停地商议和争论各种分歧，讨论公共善。而如果关于公共善的商议和争论是由不同的声音所构成,那么它就会被充实。从这个方面来看,多元主义对共和主义政策而言,可以是一种资源和力量,而并不仅仅是一种障碍或挑战。这完全取决于这个社会是如何组织的。有时候,多元主义可能会导致分裂,可潜在地,它也是一种力量。许多美国政治传统都一直在试着使美国社会中的多元主义成为一种力量而非分裂因素。我认为,在这样一个移民时代,这一点对世界上越来越多的国家来说都是真实存在的的。它们所面临的主要挑战在于:多元主义的事实会成为一种力量的源泉,还是会成为一种分裂的源泉?

朱慧玲:理论上来看,我们无法避免多元主义的事实,并希望它能够成为一种正面的力量,但在实际操作中却会很棘手。共和主义传统对于公共善的强调、对良好生活方式的倡导以及对公民德性和公民教育的强调,内在地与多元主义存在某种张力。实际政治生活如何既考虑和照顾到多元主义的事实、避免强制性或多数人的暴政,同时又保证公民共和主义的传统和立场,这是非常棘手的问题。

桑德尔:是的。

朱慧玲:在我看来,当前公民共和主义的发展还无法避免另一个事实,即:自由主义及其核心价值观念深入人心,包括它们对于个人权利、自由的强调。再加上我们刚刚所讨论的多元主义的事实,所以有人认为公民共和主义在当代只能是对自由主义的一种补充,它无法抛弃或取代自由主义的核心观念。公民共和主义在当代的发展必须要融合自由主义的一些内容,因此像达戈尔等人所说,这是一种共和主义的自由主义。南希·罗森鲍姆(Nancy Rosenbaum)也认为当代公民共和主义是"熔合性的"。您认为,公民共和主义传统在当代会发展得有多深入?

桑德尔:我认为这个问题的答案将随着社会的不同而有所不同。不过,在我看来,我们社会中所盛行的许多市场推理和市场价值,是与公民美德相冲突的。因此我认为,为了繁荣公民价值,我们有必要去思考市场在支配社会生活中的作用。我认为我们需要重新思考一下,市场在支配社会生活中的作用。易言之,运用市场来有效地分配物品、实施生产是一回事,我对此毫无异议;不过,市场和市场推理方式经常在整个社会生活中占据主导地位,并使得消费者的善和消费者的价值成为最高价值。我认为,这会破坏一些非常重要的,与家庭、教育、共同体以及公民美德和公共善相关的非市场价值。在我看来,那种将市场看作是唯一的或主要的达到公共善之工具的观点,是一种错误。

朱慧玲:谢谢您的解释,您在访谈中给我们提供了具体的公民共和主义的图景,也涉及并澄清了公民共和主义的一些核心观念。我最后想问一下:这么多年来,您的思想中有没有发生过一些改变?或者以后会不会刻意去改变什么?

桑德尔:我不知道这是不是表征出一种观点的改变,不过,在《自由主义与正义的局限》之后,我想要把公民身份当做一种重要的构成性自我的范例而加以强调。因此在《自由主义与正义的局限》之后,人们将"共同体主义"这一标签加在我的观点上以及麦金泰尔、查尔斯·泰勒、迈克尔·沃尔泽的观点之上。在《民主的不满》一书中,我想要强调公民共和主义的传统,这是对共同体主义这一标签的代替。因此,我猜你可能会说,这是一种重点上的转变,以避免那种与共同体主义的标签联系在一起的误解。这种途径试图说明,我所呼吁的并不是盲目地接受共同体的价值和规范,我所论证的绝不是盲目地仅仅接受传统所设定的任何规范,而是一种更强的公民权、共同体以及公民参与的观念。这就是为什么我从共同体主义的言论,转换到了公民共和主义的言论,后者强调政治参与以及有效公民权。因此,我认为,从《自由主义与正义的局限》到《民主的不满》,以及后来的《公正:该如何做是好?》《金钱不能买什么?》,我确实有一种重点上的、强调上的转变,以后我会更进一步地发展公民共和主义传统,力求更好地解决前面所提到的一些问题。

免于支配的自由与公民共和主义的理想[*]

【澳】菲利普·佩蒂特　张曦

在当代公民共和主义的思想复兴运动中,菲利普·佩蒂特是共和主义自由概念在哲学上的最重要阐发者,他为免于支配的共和主义自由概念提供了一系列精致的论证。2010年底至2011年初,张曦博士围绕共和主义自由概念的基本内涵与挑战等问题对佩蒂特进行了专访。在交流中,佩蒂特试图整合他在心灵哲学、政治和社会哲学与道德哲学领域的观点,进而提供一种对人类能动性和更有价值、更有尊严的人类生活的融贯和丰富的理解。

张曦:佩蒂特教授,我很荣幸对你作独家专访。据我所知,你2010年稍晚的时候对中国作了访问,这对于中国学术界来说毋庸置疑是一个重要的事件,因为我们都知道,你的作品和其中的思想近年来受到了相关领域越来越多中国学者和学生的关注。你的大部分著作,比如说《人同此心》、《共和主义》、《一种自由理论》以及《语词的创造》都已经或者将要出版中文译本。作为当今时代最有影响的政治哲学家之一,你的名字在中国正在变得越来越为人所知。

据我所知,除了在社会和政治哲学领域的成就之外,你也对哲学学科的许多专业领域都贡献颇多,比如说伦理学、心灵哲学以及形而上学。特别是,多年以来,你一直试图辩护一种后果主义式的道德理论。就我的观察来说,在中国,一些做政治哲学的学者并不很清楚这一点:政治哲学与道德哲学之间具有关键性的关联。因此,我的第一个问题是这样的:你对后果主义道德理论的承诺与你对

---

[*]　菲利普·佩蒂特(Philip Pettit),时任普林斯顿大学劳伦斯·S.洛克菲勒政治学与人类价值大学教授。张曦,时任北京大学哲学系博士生。

社会和政治哲学的思考有什么关联？因为，也许，在没有某种道德观念作为基础的情况下，政治哲学是无法开展的，你认为呢？

佩蒂特：道德和伦理理论——就我们当前的讨论来说，这两个术语可以被看作是一回事情——有两个主要的部分：一个是关于善好（good）的理论，另一个是关于正当（right）的理论。关于善好的理论主要致力于这样一些方面的问题：通过它来解释对于某个东西来说什么才是好的或者有价值的这么一个问题；在此基础上进一步鉴定出那些价值究竟是什么；对价值作出分类，以便识别出比方说哪些价值是"行动者中立"的、哪些价值是"行动者相对"的；以及确定一些价值相对于另一些价值来说在排序上优先到什么程度。关于正当的理论主要用来解释这样一些问题：我们所作出的那些选择的辩护基础究竟何在？那些能够获得辩护的选择到底是由个体性的行动者、一群采取集体方式行动的行动者所作出的，还是由一群被加以组织化的、彼此合作的行动者（例如公司、教会或者国家）所作出的？

道德理论中的一个大问题，就是要去回答正当到底如何与善好相关。后果主义认为，正当的选择就是那种能够促进最大的总体性的行动者中立的善好的选择。所谓行动者中立的善好是这样一种东西，即，它是行动者（agent）或者具有能动性的机构或组织（agency）站在一种不指称"自我"（self）的立场上所识别出来的东西，比如说人类的幸福、环境的正义或者动物的福祉等等。与行动者中立的善好这个概念相对照的，是"行动者相对的善好"，比方说我的幸福、我们的正义或者我们的福祉，等等。很明显，这里说到了"我的"、"我们的"，因此标志了这些行动者中立的善好是一种指称到"自我"的概念。

非后果主义的道德理论认为，事情并非如此，有些情况下，一个行动者可以采取那些不会产生出最大的行动者中立的善好的选择，对于他们来说，这种选择也依然是正当的。就关于正当的理论而言，存在着形形色色的非后果主义形式的理论。比方说乔纳森·丹西（Jonathan Dancy）的"特殊主义"（particularism），这个观点否认存在着能够回答"什么是正当的"这个问题的一般原则，并且因此也就否认了后果主义对这个问题的回答。再比方说塞缪尔·谢夫勒（Samuel Scheffler）所提出的"特权论"（prerogativism），这个理论认为，后果主义的原则在大多数情况下可以决定什么是正当的，但是又坚持说，如果促进那些善好、要求行动者付出的个人代价超过了某个程度的话，那么行动者（甚至是具有能动性的机构或组织）也有一种特权去拒绝这么做。还有一些非后果主义的理论则为后果主义所捍卫的那种思想提供了一种可供取舍的观点。其中一种替代方案就是康德主义原则,根据这种观点,你应该绝不要将人仅仅当做手段来加以对待。或者是托马斯·斯坎伦(Thomas Schalon)的契约主义原则,根据斯坎伦的观点,在和他人打交道时,你应该去采取那些不能被任何人合乎情理地加以拒绝的原则,将其当作行动的调节性原则。

政治哲学与道德理论之间是具有连续性的,因为政治理论总是要去为我们判断诸如"国家应当采取哪种选择来应对国内问题以及同其他国家打交道"或者"一国之公民应当采取什么样的行动(这些行动最终将会塑造出他们生活于其中的国家所要采取的行动方式)"。非后果主义的政治哲学,比如康德或者罗尔斯所捍卫的那种政治哲学,将论证说,公民和国家所能采取的那些选择的正当性,是根据某个基础性的理由而获得确立的,而并不是像后果主义所宣称的,一项选择的正当性就在于那个选择是最大化地促进了某种中立的善好。之所以说罗尔斯站在了这种非后果主义的路线上,是因为他认为在公民之间并不存在一个被分享的单一的善好观念,因而也就不存在任何公民作为整体或者是任何国家在采取行动时都应当加以采纳的善好观念。

我自己的观点是,在思考国家和公民应当如何去塑造政治制度时,在思考如何制定公共政策时,在思考如何采取某种全球性议程时,后果主义的思想是不可替代的。因此,问题就变成:后果主义所要促进的善好到底是什么? 那种有待被促进的善好应当是这样一种东西,它们应当被共同地当作一种善好。理想地说,不管人们是不是还有别的目标,那些善好都是人们因其本身的特点而必须加以追求的东西:我们可以从罗尔斯那里借一个术语来理解这一点,这就好像是他所说的"首要善好"。但是,另一方面,它也是一种对其的促进需要公民和国家有所行动的东西,而不是什么仅仅靠人们自己的努力、在不依赖于政治组织协助的情况下就可以实现的东西。此外,它也是一种面向所有人展示的首要的和公共的善好,"公共性"也应当是它的一个特征。

我希望我已经解释了为什么我认为政治哲学与道德理论之间是连续性的。我刚才已经说过,我所设想的善好,在概念上要满足三个条件:它是一种首要善好、一种公共善好、并且是一种得到展示的首要的和公共的善好。

张曦:刚才的问题也使我想到了另一个相关的问题。在我看来,你在《人同此心》这部著作中试图去构造一种整全式的学说,并且试图在那个整全式学说的基础上发展出你自己在社会和政治理论上的一些思想。在《正义论》中,罗尔斯曾经试着这么去做,但是在他后来的作品中,特别是《政治自由主义》中,他改变了这个思路。因为，罗尔斯担心，如果一种有关正义的政治概念需要建基于某种据说可信的形而上学之上，那么它就很难被那些在社会和文化观念上与自由主义社会和文化根本不同的社会或共同体采纳。当然，罗尔斯在这方面的考虑是很复杂的。不过，许多经典政治哲学家都承认这一点：某种有关人类本质(human nature)的预设对于构造一种理论或者构想一个正义的政治社会的安排，是必不可少的。看起来，在你的社会和政治哲学中，你也同意这一点。那么，现在，我要提的问题是：在做政治哲学时，如果我们要一方面试图基于对人类本质的某种理解来提出一些具有普遍性的观念或者原则，另一方面又试图避免落入罗尔斯所担心的那种"形而上学恐惧"之中，这是否可能呢？或者，我们其实可以采取一种"形而上学的"理解，但是那种理解不必是罗尔斯所担心的那个意义上的？

佩蒂特：我在《人同此心》中所要表达的主要观点是说，尽管个体性的人类存在者在心理上是具有自主性的(用一个比喻性的说法，他们既不是历史的棋子，也不是社会强力的玩偶)，但是，他们之间的联系和相互依赖、他们组建和归属于一个他们在其中才能得以发展出典型的人类能力(human capacities)的共同体，这些并不是偶然的。就前一个方面来说，我的立场是亲个人主义的，但是就第二个方面来说，我的立场也是反原子论的。那本书试图论证说，我们有一些很深的理由来回答为什么一种典型的人类能力(比方说推理能力)只能在社会关系的语境之下才会出现。

这是一种有关人类本质的形而上学，它当然刺激我在政治哲学方面的许多思考。因此，它也使得我坚持说：不管对于政治生活来说什么样的价值才算是核心性的，离群索居地去享有它们，与作为一种社会存在者那样地去享有它们，相比较而言，肯定是大不一样的。就像《人同此心》第三部分所论证的那样。这一思想为我坚持这样一个观点提供了理由：自由不能被视为是人们在离群索居的状态下就可以得享的东西，而必须被视作是一种资格(status)，人们只能作为和其他人类存在者共同形成的共同体中的一员，才能享有。最初，正是这一思想路线的形成才使得我对漫长的共和主义传统产生了兴趣。从那时候开始，我就发现，自由在共和主义传统中乃是被当作一种社会资格来理解的东西，而它被当作一种原子论式的术语，也就是说，被当作是一个甚至那些离群索居的人都能实现的理想，其实只是从后来的思想家比如早期功利主义者和经典的自由主义者那里才开始的。

张曦：最近，阿玛蒂亚·森(Amartya Sen)和玛莎·纳斯鲍姆都表达了对罗尔斯的某种批评，他们至少是部分地试图放弃罗尔斯的理论所严重依赖的那种契约主义式框架，以便论证一种更加"全面的"（在这个意义上也是更加具有现实性的）的正义观念。就你的工作来说，你已经在一些论著中（比如说《能动性自由和选择自由》）试图论证说，你的共和主义自由观念至少在某种关键的程度上容纳阿玛蒂亚·森式的理解。不过，森也认为，你并不能完全同意他的观点（他已经在《自由的观念》这本新著中表达了这一点）。那么，你是否真的认为对能动性自由的考虑在你和森之间存在着真正的分歧呢？如果确实存在某种分歧的话，你认为它在什么地方？

佩蒂特：自由的理想有两个方面。一方面，这是一种相对于选择的践行(exercise)而言的理想；另一方面，这是一种相对于在选择中应当可用的(available)机会或者选项而言的理想。我认为，不管哪个方面，我跟森或者纳斯鲍姆之间都不存在什么更深的分歧。就践行的方面来说，我认为，为了能够自由地在两个选项（比方说 X 和 Y）之间做出选择，在做选择的时候，你应该不至于屈服于另一个人（比方说，我）的意志。识别你是否屈服于我的意志主要有三个标准：第一，如果我干涉了你（比方说，我移除掉一个选项。或者用一个具有惩罚性的替代选项来取代原来的某一个选项，或者欺骗或操控你以至于你不能在各个选项之间恰当地推理），那么，你是在屈服于我。第二，如果我有一种干涉的力量，但是，也许出于对你的某种好意，我允许你根据你自己的好恶来做出选择，那么，在这种情况下，你也是在屈服我，因为在这种情况下，你的选择取决于我是否愿意维持那个好意，你只是在被我允许的意义上做出了选择。第三，如果你认为我有一种干涉的力量，于是你调整了你的选择行为或者改变了你的行为，以便取悦于我，那么，在这种情况下，你还是在屈服于我。在第一种情况下，我是干涉了你；在第二种情况下，我是"监视"了你；而在第三种情况下，我是恐吓了你。对你的选择的所有这三种侵犯都是支配(domination)，因为在你的选择过程中，它们给了我支配者或者主人的地位。我称这个践行方面的自由为"免于支配的自由"。

我对自由的这个践行方面的理想的描述不同于森和纳斯鲍姆，但是我认为，我们在这个问题上的观点仍然是非常接近的。如果我们看起来有什么不一样——森也只是认为存在一点小小的差别——那是因为，我并没有清楚地指出：在自由的践行理想之外，还存在一个机会(opportunity)理想。在机会的意义上，我有多自由，是取决于相对于践行一个特定的选择来说，我有多少选项可资取舍、那些选项彼此之间有多大的多样性和差别、就我的价值观而言它们的重要性有多大等等这样一些问题的。森正确地强调了这一点,对此我并无非议。免于支配的自由可能对于自由的实践理想来说是关键性的,但是它对于自由的机会理想来说也仍然是重要的,它也关注你有多少选项、你的选项彼此之间有多少关键性的不同、它们是不是真的对你来说是有意义的选项这些问题。

张曦: 在你发展出一种有关自由的共和主义概念、并且在你的《共和主义》一书中花了很大气力去强调它的重要性的同时,你显然不满于有关自由的那种自由主义概念,至少是不满于某些自由主义理论家所解释的那种版本的自由主义。以赛亚·伯林(Isaiah Berlin)对积极自由观念的拒绝,在很大程度上是因为他认为那个观念有导向极权主义的危险。伯林在《论两种自由概念》中对积极自由的论述在我看来是难获辩护的。我认为,对自由概念的任何令人满意的理解都不仅要允许语境中的行动者能够在一系列给定的选项清单中自由地做出选择和决策,而且也应当关注到行动者所应当具有的一些基本能力的形成,因为正是这些基本能力才能确保那些选项被用于实现他们自己的目的。阿玛蒂亚·森已经论证说,自由必须一开始就被理解为是一种人类能动性,你看起来已经同意了他的这个观点。那么,请你告诉我们,伯林在消极自由和积极自由之间的那个武断区分,究竟如何严重地歪曲了我们对人类能动性所应当采取的那种合乎情理的、可接受的理解?

佩蒂特: 为了公民得享自由,社会和国家应当做些什么?大概来说,政府所做的事情,就是要去同等地促进公民的自由。但是,"促进自由"这么一件事到底包括些什么内容呢?我认为,对于免于支配的自由概念来说,有两件事是非常重要的。第一,在一个共同体之中,必须存在着一系列的选择,这些选择是在共同体中被鉴定出来的,每一个人做出这些选择都是得到了保护的。第二,人们所要做出的这些选择,是在同样的基础上而得到保护的:比方说,要根据一种得到确立的规范或者法律体系来加以保护。直觉上来说,这些得到保护的选择应当足以保证每个人自己所拥有的独立性。这些选择当然包括思想自由、言论自由、结社自由、定居和迁徙自由以及获得职位的自由。而且,那些保护措施应当是有效的——如果必要,这些保护措施不仅是防卫性的、也要是被授权的——这些保护措施要能够保证人们在做出选择时不受他人的支配,也就是说,他们不应当受到他人的专断干涉,他们的做出选择,也不应当或者至少是他们自己不认为他们应当依赖于其他人的善意。

在一个得到授权的法律和规范体系的保护之下,每个人都与他人在同样的基础上获得保护,这实际上也就意味着一种自由公民的地位,这恰恰也是罗马共和主义式"自由"(liber)思想的内容。要享有这种资格,就不可避免地要拥有纳斯鲍姆和森反复强调的那些能力。一个人如果缺乏这样一种能力,无论他是文盲、无家可归者,还是他不能获得安全医疗或者缺乏获得正义的机会,他显然都不可能得享这种免于支配的自由公民资格。在此,你再一次看到,我和森的进路彼此之间其实是收敛的。

那么,伯林的观点又如何呢?在他所说的消极自由的意义上,你只要在某个选择活动中不屈服于他人的干涉而在选项中做出取舍就是自由了。我认为他的这个理想实在是太薄了,因为它仍然允许你屈服于他人的意志:你或许不是屈服于他人的干涉,但是却屈服于他人的监视和恐吓。在一些地方,伯林用"积极自由"这个术语表达一种心理上的理想,这种理想实际上强调你得根据你自己的意志来做你所做的事情、因此要避免意志的软弱和各种各样的病症。在另一些地方,伯林又用这个术语表达一种政治上的理想,根据这种理想,你要成为一个自决(self-determined)的政治体中的活跃一员。在我看来,那个心理上的理想真的构成了一种理想,但是我也同意伯林的这样一个观点:它并不应当成为一种政治的理想,也就是说,这种成为政治体中活跃一员的理想,并不应当成为一种国家要依靠某些具有强制性的措施来努力加以促进的目标(公共善好)。当然,如果那个政治理想被理解为是一种建基于民主投票授权机制之上的东西,那也许还能够说得通。但是,我不认为这个理想应当与自由的理想相混淆。采取一个民主投票授权机制或许是工具性的策略、甚至是必要的策略,如果你要真的想享有自由的公民地位的话。但是,我们对"地位"这个词的理解,在根本上是独立于我们对任何类似于投票机制这样的东西的理解的。

我所支持的那种最终的政治理想——也就是那种我认为国家应当去加以促进的善好——就是人们作为一个不受支配的公民这样一个地位的实现和享有:作为这样一种公民,他们与所有他人在同样范围的选择活动中、根据同样的法律和规范基础,享有免于支配的自由。我将这种公民自由称为"免于支配"。那么,回到我早前关于后果主义的观点上,我认为,这种地位就是每一个人都必须去追求(不管他们还追求别的什么东西)的善好,也就是说,它是一种首要善好。我也认为,这种善好只有通过确立法律和规范才能使得所有人对它的追求变得可能,在这个意义上,它是一种公共善。进一步地,我还认为,在任何一个较为进步的社会,每一个人都应当处于一种能够识别它、能够知道他人也识别了它的状态之中,因而是一种首要的公共的善好。正是因为它是这样一种在社会生活中的被展示出来的善好,它才成为在政治理论的漫长历史中所绵延流传的一种理想。

张曦:查尔斯·拉莫尔(Charles Lamore)在批评你的观点时论证说,你实际上"属于他所认为已经超越了的自由主义传统之中"。此外,杰里米·瓦尔德隆(Jeremy Waldron)也论证说,我们不应当抛弃那种消极自由的概念。你如何回应这一类批评?在什么意义上,相对于自由主义自由概念来说,你的共和主义自由概念具有一种独特的重要性呢,特别是从制度设计和执行的层面上来看?看起来,在你的作品里,你试图为达致一种广泛而深邃的自由理想提供一种心理学机制上的说明,那么,对于你的企划来说,坚持某种形式的政治中立性(political neutrality)是不是必需的?

佩蒂特:与免于支配的自由概念相对的,是对自由概念的那种自由主义式理解,也就是霍布斯所预见到的那种古典式的自由主义观念,当然,这种理解大概一直到十八世纪晚期的杰里米·边沁(Jeremy Benthem)和威廉姆·佩利(William Paley)那里才明确形成。根据这种理解,干涉是唯一会使得自由受到损失的东西,而且,只要有干涉存在,那么自由就一定会受到损失。这一思考进路在两个方面上都与那种免于支配的共和主义式自由概念相左。就像我们看到的,根据共和主义的自由概念,自由或许会因为监视和恐吓的存在而受到损失,就像干涉造成自由的损失一样。而且,根据共和主义的自由概念,如果干涉是被用来间接地帮助一个行动者根据自己的意志、而不是别人的意志来决定所要做的事情,那么,就并不会损害自由。当水手们根据尤利西斯自己的要求把他绑在桅杆上,他们确实干涉了尤利西斯,但是却没有支配他,因为这是根据尤利西斯自己的意志所做出的行动。

但是,尽管在这个意义上,免于支配的共和主义自由观念不同于那种古典的自由主义观念,但是,跟十九世纪后期的一些所谓的自由主义思想家(例如 T.H. 格林)来说,又没有特别明显的不同。在这一点上,我同意查尔斯·拉莫尔的观点。而且,进一步地说,共和主义观念所支持的那些制度性措施或许在比较宽泛的意义上与二十世纪的中左自由主义者(比如说罗尔斯)所支持的许多措施有很多相应之处。我认为,那些自由主义者的许多理论特征都非常接近我所说的共和主义思想,而不是边沁和佩利等人的那种思想。

我很乐意地就我跟罗尔斯等人的观点之间的关系补充一点评论。按照我的理解,罗尔斯的自由观念在一个宽泛的意义上仍然是属于将自由在"免于干涉"的意义上加以理解的。不过,他之所以得以成为中左自由主义者,恰恰是因为他将社会经济的平等也视为一种价值。按照共和主义的进路,我们则必须承认一种价值:那种免于支配的公民自由。这种价值对于任何别的价值来说,都是基本的。

张曦:在你的早期作品中,你曾说过,对自由的那种消极理解实际上是一种制度性羞辱。在我看来,正是在这个意义上,你试图将你对自由的理解辩护为一种"与荣耀相伴的自由"。你认为荣耀应当在人类能动性中扮演一个重要的角色吗?你如何来理解荣耀的概念,特别是考虑到你对共和主义的承诺?

佩蒂特:在免于支配的公民自由和荣耀或者尊严之间的联系是直接的。假设你在你的社会中享受着公民自由。那么,这就意味着没有任何别人可以不受责罚地推搡你。在做出那些基本选择时,你受到针对他人支配甚至是针对国家支配本身而提供的那种保护。而且,你所受到的保护,其他人也同等程度地享有——你们都是通过一套被分享的法律体系和规范体系而受到保护的。在这种情形下,你拥有这种受保护的地位这一事实,就必定会成为一种共同意识:也就是说,每一个人都知道你拥有这一地位,都知道每一个别人都知道你拥有这个地位,如此等等。而且,这也就意味着你可以昂首阔步地行走在他人之中,意识到你们在所有基本的方面都是平等的。你在你的同胞中得享尊严。

而且,尊严不仅是免于干涉的公民自由的一种产物。它也有助于这种自由的实现。当你享有这一地位的时候,当你昂首阔步于他人之中时,你也就可以在心理上肯定地对你自己说:你不必过分地恭维任何人,也不必充满奴性地趋附任何人。而且,一旦他人承认了你具有这一地位,他们也就获得了进一步的理由不对你做出的选择加以侵犯:打个比方来说,正是由于人们对你的地位的承认,他们随意推搡你的冲动才被斩断。

张曦:根据你所构想的那种共和主义,一个社会在什么意义上才是正义的?我可以说,你的工作实际上正试图构建一种在关键方面与罗尔斯式社会正义理论大有不同的新主张吗?托马斯·博格等人正尝试通过修正或者抛弃罗尔斯的正义理论的某些关键性成分,而将他的框架拓展到全球层面上。那么,请你告诉我们,你正在发展的这种共和主义的自由概念对于全球正义问题来说,有什么含义呢?

佩蒂特：共和主义的公民自由价值所支持的那种正义理论有三个方面。第一，它是一种国内正义的理想；第二，它是一种民主正义的理想；第三，它是一种全球正义的理想。在所有者三个方面，共和主义进路所支持的思想方式与别的理论比较起来都是显著有别的。

一个社会将是在国内的意义上正义的，只要国家和社会为公民提供了对免于支配的公民自由这种价值的平等享有。对这种自由的享有一般来说要求法治、规制良好并且繁荣可持续的经济以及一种普遍的教育和信息体系，这都是些基本条件。不过，它也要求人们能够免受疾病、无家可归和失业的威胁，因为这些因素会使得人们受到支配。它也要为人们提供保护和替代性的选择，以使得他们在特殊关系中免于支配（比如说家庭关系或者工作关系）。它也会对商业公司或者甚至教会这样的合作体的运作施加限制，以免它们对个体的人类存在者施加支配。

一个社会将是民主正义的，只要那个保护人们免受私人支配的国家本身不是一个支配性的机构。国家不可避免地将会干涉人们的生活，它会强制施行法律、课税并且惩罚罪犯。但是，国家应当是根据在社会中广为人们所接受的那些戒律来施行自己的强力的，也就是说，在这一意义上，国家应当成为人民的仆人，而不是主人。那么，为了使得国家能够受到民众的控制，需要什么样的措施呢？这个问题实际上涉及到政治理论中的一系列问题，不过，我认为，林林总总的措施可以被归结为一点，那就是可抗辩性（contestability）。那些执掌国家权力的人应当被放置到集体性抗辩的对象的位置上，而定期、开放的公职选举能够确保这一点。同时，他们也应当被放到更加个体化的抗辩的对象的位置上，只要存在一个开放的国会、信息的自由、言论和结社的自由以及具备在法庭上、在媒体上或者通过多种独立的公共官职（比如说监察员）渠道诉告政府的可能性，这些条件一旦满足，那么这一点也很容易做到。我目前正在撰写一本有关共和主义民主理论的著作，我希望一年内能够使之出版。这本书是在我 2009 年在德国科隆大学的演讲和 2010 年在英国剑桥大学的演讲的基础上发展起来的。

共和主义理论的第三个领域是它在全球正义问题上有引人注目的含义。在这一问题上，它支持如下的理想：首先，应当有尽可能多的人能够组建国内正义的国家；其次，这些国家、因此也包括组建这些国家的人民，不应当受到其他国家或者任何像多国组织或者跨文化的教会或者国际机构的支配。这第一方面的理想为弱国提供了多层支持，而对那些压制性的国家施加了限制，这也正是任何可信的理想所要做的事情。第二方面的理想则主张根据广为接受的原则在国家间作出区分并缔结国际组织,也支持弱国之间缔结联盟,以免自己遭受更强国家的支配。这第二方面的理想对国际社会的现实构成了挑战,也远不同于现实。共和主义的这些理想并不仅仅针对那些可能会给一个人带来的军事、经济或者其他形式的干预。而且,它也针对那些使得一个国家或者公司或者类似的机构监视、恐吓其他国家成为可能的那种实力上的不对称。

张曦:你曾经打算成为一个牧师,因此你受到过一些宗教方面的训练。你曾表示说,你之所以会激赏免于支配的自由,根源于你的这一经历。这看起来很有趣。那么你能谈谈这方面的经历吗?这一经历大概是从什么时候开始对你在政治哲学方面的工作产生影响的?宗教方面的因素对你在别的方面研究工作产生了影响吗?

佩蒂特:任何宗教传统都有多种多样的内涵或者说元素,包括我所曾受到训练的那种天主教传统。尽管天主教传统中有许多因素都是令人崇敬的,比方说天主教对穷苦人施以关照的那种承诺,以及更一般地来说对社会正义的那种承诺,但是,也有一些因素在我看来是令人痛惜的。其中一个观念就是,为了成为一个好的天主教徒,你所受到的训练部分地就是要致力于使得你自己不再把自己当一回事:也就是说,那种训练要使得你习惯于忽略自己的意志,从而完全服从你的上级。要成为一个天主教牧师,那么年轻学生自己的意志就要遭到摧毁,在我的天主教牧师的训练中,我很反感这一点,因为我觉得,这是一种贬低人、使人沮丧的事情。因此,我就决定不再成为一个牧师,之后我离开了教会。许多年以后,当我撰写我在共和主义方面的作品时,我意识到,我对支配的那种根植于情感的抵触,以及我对免于支配的自由的某种向往,大概是根源于我在试图成为一个天主教牧师时所遭受的那些被支配经历的。

我之所以对政治哲学感兴趣,宗教并不是一个一般性的原因,尽管教会对社会正义的承诺确实有助于我的这个兴趣的形成。我认为,要想在这个世界中成就政治善好,特别是成就社会正义,那么宗教确实可以在此方面有所裨益,但是,宗教的作用通常是以别的方式发挥出来的,因为对于宗教来说,信徒们是处于一种不可协商的地位,而且完全没有折中妥协的可能性。而折中妥协恰好是政治的基本要素,政治所要求的那种能够使不同心智状况的人相互宽容、令人尊重地结社和通过折中妥协从而构筑社会的想法,在宗教的框架内经常被视作是一种背叛:也就是说,是对一种最高阶的宗教正确性标准的背离。这是十分不幸的,我只能希望,在世界上的主要宗教之中,那些温和的声音能够回荡得更加响亮。

张曦:共和主义受到关注并成为许多人著述的主题,这一现象是在冷战后自由主义成为唯一的意识形态的背景下出现的。这种历史因素影响到你对共和主义理想的兴趣了吗? 在你的《共和主义》一书出版十多年之后的今天,你是否认为共和主义的自由和社会理想仍然是值得追求的?

佩蒂特:就像我所指出的,自由主义有许多种形式。但是,就今天来说,这么说大概是很公允的:自由主义有两个主要的类别,即,中右派自由主义和中左派自由主义。中右派自由主义——如果你愿意的话,也可以称之为自由至上主义者(libertarianism)——将自由视为是一种免于干涉,并且坚持认为,这种免于干涉是政治生活所要追求的唯一的价值。中左自由主义——你可以称之为社会民主主义——则既同意将自由视为一种免于干涉,但是又宣称说,在自由之外,其他的许多东西也值得成为价值,特别是经济平等或繁荣。

当我在 1996 年撰写我的著作《共和主义》时,我肯定是在强调社会民主主义的政策而不是自由至上主义的政策。但是,让我觉得有点令人沮丧却是,那些自由至上主义者看起来提出的都是清楚融贯的主张,而那些社会民主主义者所试图捍卫的政策,本身却经常有点混杂矛盾,也就是说,他们的政策主张看起来经常有点不稳定、有点机会主义,而不是一系列融贯的东西,不是来源于单一的、吸引人的原则。

在我看来,共和主义为左翼或者更宽泛地说社会民主主义的政治主张提供了一种新的进路。就像自由至上主义那样,它在自己的理论中心放置的是一个单一但宽泛的价值,不过不是免于干涉的自由,而是免于支配的自由。但是,正是因为它们对自由的理解不同,自由至上主义所寻求的是一种最小的、看门狗式的国家,而共和主义则由于它所采纳的那种免于支配的自由观念,主张一种更为丰富的、更加偏向社会民主的国家。因此,正是我自己的政治倾向,而不仅仅是我对共和主义观念的哲学和历史兴趣,才导致我撰写了《共和主义》这部作品。

III. 马克思主义的反思

马克思学与马克思政治哲学的文本语境*

【美】诺曼·莱文　臧峰宇

美国菲尼克斯国际政策研究所诺曼·莱文教授是国际著名的马克思学家，他基于 MEGA2 等学术文献，以黑格尔为中介，呈现出马克思与恩格斯的思想差异，从而引起学界的热烈讨论和批评。2014 年 4 月 16 日和 5 月 7 日，臧峰宇博士从思想史和评价史的角度出发与莱文教授进行了两次对话。莱文教授的细致阐述有助于人们更好地了解其学术思路，并进一步理解马克思学与马克思政治哲学的文本语境。

一、马克思学与马克思和恩格斯学术思想关系的实质

臧峰宇：莱文教授，您好！自从 2008 年翻译您的名著《不同的路径：马克思主义与恩格斯主义中的黑格尔》并与您相识之后，我又阅读了《辩证法内部对话》、《马克思与黑格尔的对话》和您的一些论文新作，并在此过程中萌生了与您对话的愿望。您的文本研究著述主要被视为马克思研究领域的力作，其中确实体现了很强的思辨功力，也浸润着深厚的历史学思路，这应该与您此前长年研究欧洲史和美国史的学术经验有关。您曾说是越南战争使您成为了一个马克思主义者，参加反战示威是您人生的一个转折点，如果可以将这个事件当作一个历史动因的话，我同样感兴趣的是您转向马克思研究的学术动因。

莱文：峰宇，你好！很高兴与你讨论马克思学方面的问题。在个人层面，越

＊　诺曼·莱文(Norman Levine)，时任美国菲尼克斯国际政策研究所教授。臧峰宇，时任中国人民大学哲学院副教授。

南战争确实使我成为一个马克思主义者。我强烈反对越南战争,因为它是美帝国主义的表达。至于学术动因,我应当提到《1844 年经济学哲学手稿》英文版1959 年第一次在莫斯科出版,后来于 1963 年在美国出版。当时我 32 岁,不久后成为德波夫大学教授。我仍然记得这本书的出版对我心灵产生的震撼。虽然我在研究生时代学的是历史学,但我对德国哲学也有浓厚的兴趣。那时我主要研究德国思想史。在这里,我想说我第一次发表的系列文章是关于德国历史学、格哈德·李希特(Gerhard Ritter)和弗里德里希·迈内克(Friedrich Meinecke)的,它们在 1966—1968 年间发表。《1844 年经济学哲学手稿》在这段时期产生了深远的影响。当然,我第一本书的主题是马克思主义。后来,我所有著作的主题都是马克思主义。1972 年,马克思的《1857—1858 年经济学手稿》英文本出版了,它也对我产生了深远的影响。此外,卢卡奇的《青年黑格尔》也启发我更好地理解马克思的思想。这三本书——《1844 年经济学哲学手稿》、《1857—1858 年经济学手稿》和《青年黑格尔》——使我开始从历史学和哲学的角度解读马克思哲学并研究马克思主义。

臧峰宇:您的经历对年轻的马克思主义研究者很有启发性。我记得 2009 年底在北京师范大学召开的一次学术讨论会上,您与特雷尔·卡弗(Terrell Carver)和汤姆·洛克莫尔(Tom Rockmore)都认为恩格斯无法抵达马克思哲学高度的原因之一在于他不是哲学博士,因为哲学并非是一个通俗易懂的学科。当然,青年恩格斯在写给卢格的一封信中所说的话可以被用来强化这一观点的合理性:"我还年轻,是个哲学自学者。我所学到的知识足以使自己形成一个信念,并且在必要时捍卫它;但是要想有效地、有的放矢地为这种信念去工作,这些知识还不够。我当了'兜售'哲学的人,人们就会对我提出更高的要求,而且我没获得博士文凭,也就无权探讨哲学问题。"①但从晚年恩格斯对一些大学生创建体系的批评中约略可见,他不再认为只有哲学博士才有探讨哲学的权利,他甚至对很多哲学博士的论述作出了严厉的批判。从常识角度来看,学界也有很多没有获得博士学位的哲学家取得了不俗的成就,所以仅从恩格斯没有博士头衔这一点并不足以证明他的学术水准低于马克思。当然,您基于 MEGA 并以黑格尔为中介所作的论述很有力,这是否可以被看做是理解马克思与恩格斯学术思

---

① 《恩格斯致阿尔诺德·卢格(1842 年 7 月 26 日)》,载《马克思恩格斯全集》第 47 卷,人民出版社 2004 年版,第 301—302 页。

想关系的最合理的路径？

莱文：恩格斯理解哲学的能力很差，主要的原因当然不是他没有获得博士学位。他高中没毕业就辍学了，从未读过大学，也从未受到正规的学术训练。此外，他几乎从未自学过哲学。1843 年，他服从父亲的命令，来到曼特斯特管理他的家族工厂。当时，他没有学哲学，却研究了科学。有一位德国科学家肖莱马在曼彻斯特大学任教。恩格斯在一个德国社交俱乐部与他相识，并很快成为了好朋友。然后，恩格斯向他学习自然科学。我与于尔根·罗扬（Jürgen Rojahn），MEGA2 的一位编辑，讨论过这个问题：恩格斯是否读过《1844 年经济学哲学手稿》？在这个问题上，我们的观点并不相同。罗扬认为，恩格斯读过《1844 年经济学哲学手稿》，并决定不出版它，虽然罗扬不知道恩格斯为什么作出这个决定。我认为，恩格斯读过《1844 年经济学哲学手稿》，并决定不出版它，原因是这本书与他的《路德维希·费尔巴哈和德国古典哲学的终结》是矛盾的。我相信，恩格斯有意作出了这个抑制马克思这部宝贵文本出版的决定。恩格斯确实在柏林大学作旁听生，并听过谢林讲的哲学课，但他几乎没有用充足的时间系统地学习哲学。1842 年，恩格斯写信给卢格说，自己在哲学领域缺乏足够的研究能力。而且，恩格斯从来没有研究过黑格尔的劳动和异化思想。你知道，黑格尔用异化思想批判资本主义社会，这对马克思产生了很大的影响。黑格尔在《精神现象学》中的主奴辩证法思想是《1844 年经济学哲学手稿》的直接思想来源。这两个思想对青年马克思非常重要，而对青年恩格斯没有多大意义。晚年恩格斯批判了黑格尔，因为黑格尔是一个唯心主义者，但恩格斯忽略了黑格尔的异化和自我异化的主题。此外，他对黑格尔的理解是非常有限的。所以我认为，通过比较他们对黑格尔的不同理解，我们能够清楚地发现马克思和恩格斯的差异。

臧峰宇：在这个意义上，马克思和黑格尔的学术思想关系得到了深入研究。您刚才提到了卢卡奇的《青年黑格尔》，这是一部有助于我们全面理解黑格尔思想并体现卢卡奇的天才的著作。黑格尔在青年时代研究苏格兰启蒙思想家的政治经济学，撰写了著名的《耶拿手稿》。虽然他很快就回到哲学研究领域，但这个经历对他后来的研究产生了很大的影响。有趣的是，与之经历相仿的马克思在写作《1844 年经济学哲学手稿》之后对政治经济学有着越来越浓厚的兴趣。能否认为马克思对苏格兰启蒙政治经济学的研究是以黑格尔为中介的，或者说黑格尔在耶拿时期的研究曾对青年马克思起到过不可忽视的作用？

莱文：这是一个非常重要的问题！黑格尔研究了亚当·斯密和大卫·李嘉

图的政治经济学。黑格尔也知道亚当·弗格森,我们能注意到弗格森对他的法哲学和其他文本的影响。你注意到黑格尔很快回到哲学,而马克思接着研究政治经济学。这绝对是正确的!但黑格尔从未影响马克思研究苏格兰启蒙运动。马克思从未读过黑格尔的《耶拿手稿》,所以马克思不了解黑格尔耶拿时期的写作。马克思读过甘斯在1835年编辑的《黑格尔全集》,但《耶拿手稿》并未收录其中。直到20世纪20年代,《耶拿手稿》才为人们所知。这时一位德国哲学家发现了这些手稿,它们是在20世纪30年代出版的。马克思在1883年就逝世了。卢卡奇意识到《耶拿手稿》的重要性,这有助于他在《青年黑格尔》中作出开拓性的阐释。我想说卢卡奇是非常幸运的。他不仅是最早读到《耶拿手稿》的哲学家之一,而且是最早读到《1844年经济学哲学手稿》的哲学家之一。卢卡奇是最早接触到这两部手稿的马克思主义学者之一。马克思对苏格兰启蒙政治经济学的理解主要不是通过阅读黑格尔的书,而是直接阅读亚当·斯密、大卫·李嘉图和亚当·弗格森。马克思对苏格兰启蒙运动的研究来自于他自己的阅读。马克思在1847年撰写的《哲学的贫困》中提到了弗格森的《市民社会史》。

臧峰宇:这个学术细节非常关键,它可以避免对黑格尔与马克思学术思想关系的误读。我想补充的是,马克思在1845年撰写的《德意志意识形态》中就已经提到了弗格森的《市民社会史》。但是,坦率地说,西方马克思主义和马克思学研究曾被认为是冷战时期的学术样态。由此可以合理地理解东西方马克思主义哲学的差异。当然,《1844年经济学哲学手稿》的出版可以说是强化这种态势的重要思想事件。您这代西方学人大多受到《1844年经济学哲学手稿》的深刻影响,并以青年马克思文本语境中的共产主义与苏联式的社会主义进行比较,而马克思和恩格斯的学术思想差别正是这种比较的结论之一。因为相比青年马克思的著述,晚年恩格斯的思想确实是苏联哲学教科书的重要学术来源。但这种比较有一个不容忽视的疑点:青年马克思和晚年恩格斯构成了比较的对象,这里存在着明显的时间跨度,因为无论是晚年恩格斯还是晚年马克思,他们当时的思想与他们的早年思想都不尽相同。从这个角度看,这种比较或许可以被看作是一种学术策略,以此强化马克思与恩格斯的学术差异。我很想了解您对这个问题的看法。

莱文:我赞同你的看法,晚年恩格斯的思想确实是苏联哲学教科书的重要思想来源。苏联哲学教科书的作者们严重地受到晚年恩格斯思想的影响。列宁在他的著作中经常提到的四本书是《反杜林论》、《路德维希·费尔巴哈和德国古典哲学的终结》、《社会主义从空想到科学的发展》和《家庭、私有制和国家的起源》，这四本书都对列宁的国家理论和他的共产主义预见产生了重大的影响。这四本书的影响从列宁转向斯大林，并形成了苏联哲学教科书的基础。恩格斯是苏联哲学教科书的创始人，这里的发展线索是从恩格斯到列宁再到斯大林。确实，比较青年马克思和晚年恩格斯的思想并不是一个好的思路。但这不能被视为一种学术策略。西方马克思主义哲学家和马克思学家批判苏联哲学，主要原因在于，苏联哲学教科书扭曲了马克思和列宁的思想，因为它忽略了列宁在《哲学笔记》中表达的对辩证唯物主义的改进。恩格斯取代了马克思，这导致苏联哲学扭曲了马克思的思想。当苏联哲学对马克思的误解随着马克思早期作品被重新发现而得到克服时，马克思和恩格斯之间的学术差异也变得越来越明显了。

臧峰宇：确实如此。您在《不同的路径：马克思主义与恩格斯主义中的黑格尔》中提到了"恩格斯主义"。翻译这本书，使我更好地从黑格尔主义的视域理解马克思哲学，并形成一些有益的研究思路。从比较的有效性来看，提出"恩格斯主义"反映了当时很多人建议恩格斯命名新唯物主义时的历史语境。恩格斯在《路德维希·费尔巴哈和德国古典哲学的终结》中特别强调了将他们的理论命名为马克思主义哲学的缘由。我最近在研究苏格兰启蒙运动，如果从马克思和恩格斯批判地继承了启蒙思想的角度看，晚年恩格斯将哲学"科学化"的努力也有一定的合理性。因为这种努力也体现了很多启蒙学者的愿望。"工业"和"实验"给18世纪和19世纪的学人提供了新的认识视界，关于这一点，马克思在《1844年经济学哲学手稿》中也有过精彩的论述。当然，恩格斯走得更远。可是，恩格斯也并未完全忽视新哲学至于未来学术研究的意义。您最近在中国人民大学的演讲中提出"马克思主义是一种18世纪的发明"，令人很受启发。能否从这个角度谈谈对"恩格斯主义"的评价？

莱文：马克思和恩格斯有不同的学习经历，它们也有很多不同的文化习惯。正如你所说，这是自然的。我强调他们的差别，着眼于学术观点和思维方法。恩格斯对马克思主义是有贡献的，例如，在马克思主义大众化方面。但由于他不能深入理解黑格尔，所以不能完全理解马克思。启蒙运动为马克思提供了方法。唯物主义是18世纪的产物，但必须记住，唯物主义有不同的学派。一种是唯物主义，还有一种是自然主义。对恩格斯影响最大的是19世纪唯物主义，或曰一种基于物理学的科学。恩格斯认为，外部的自然规律决定历史的轨迹，而且他只以辩证思路解读这些自然规律。通过将物理学和辩证法结合起来，恩格斯将黑格尔的辩证法与物理学结合起来。在《路德维希·费尔巴哈和德国古典哲学的终结》中,恩格斯创造了一种形而上学。自然控制社会的进化。社会变迁的主要原因是外在于人的,而它处于自然界内部。这就是恩格斯主义。马克思是 18 世纪启蒙运动的孩童,但对他影响最大的是费尔巴哈、人类学和自然主义。自然主义关注的是人类的活动以及这些活动对社会世界的决定作用。对马克思来说,社会变迁的主要原因是人的活动,而这是马克思主义的基本原则。恩格斯遵循诸如笛卡尔和牛顿等启蒙思想家的路径,而马克思遵循诸如霍尔巴赫和爱尔维修等启蒙思想家的路径。

二、正义论与马克思政治哲学的文本语境

臧峰宇:罗尔斯《正义论》的出版可谓政治哲学史上的重大事件,由此开始的政治哲学研究仍是学界热点。关于马克思的正义论的讨论也是这项研究中的耀人景观。最早开始于艾伦·伍德(Allan Wood)在《哲学与公共事务》1972 年第 3 期发表的《马克思对正义的批判》,由此产生的学术争鸣至今犹存。有趣的是,参与这场学术讨论的学人几乎都特别看重其论点的文本根据,这就使得这项研究具有一定的文本学特征。或许是出于学术旨趣的差别,马克思学家似乎并未对这个问题发表充分的意见,因为这毕竟是一个政治哲学问题,而非纯粹的文本研究。但我认为马克思学家的意见对理解这个问题应当十分必要。马克思到底有没有正义论?或者说论证马克思的正义论有没有充分的文本根据,这是我特别想向您请教的问题。

莱文:我读过罗尔斯的书,写得很有趣,但我认为他是错误的。马克思没有关于正义的道德理论。相反,马克思有一种关于正义的人类学理论。启蒙运动试图发展一种脱离宗教的正义论。当亚当·斯密写"看不见的手"时,他指的是这个事实:人类的需要使人们生活在一起。斯密相信,当人们合作的时候,需要得到了满足,这时他们是相互满意的。启蒙思想家认为人类学能够取代宗教。费尔巴哈写了《基督教的本质》。在《精神现象学》中,黑格尔使用了"相互依赖"和"互惠满足"这两个术语。马克思借用了这些思想。马克思认为,共产主义是从资本主义衰亡之后人们和平地相互联系这个事实上产生的。因为相互需求只能在合作中得到满足。请记住亚当·斯密写过一本叫《道德情操论》的书。注意,斯密用的是"情操"这个词,因为他相信是"情操"或感情,而不是宗教思想,使人们成为市民并在社会中彼此相处。

臧峰宇: 非常感谢您的提示。我觉得从马克思与苏格兰启蒙学者的关系角度也可以理解马克思的正义论,如果马克思的正义论成立的话,在我看来,它应与历史唯物主义相一致。当然,青年马克思对正义的论述并非完全是从历史唯物主义角度立意的,但这不应当被看做理解马克思正义论的主要方面。苏格兰启蒙学者的政治经济学研究对现代哲学社会科学研究具有深远的影响,其中的经济学常识与市民社会理论在很大程度上确立了黑格尔和马克思的研究论域。但他们对正义的论述显然是从道德哲学角度展开的,这一点即使对耶拿时期的黑格尔来说也不是问题,而他在《法哲学》中的阐述更是强化了政治问题的伦理高度。马克思却颇为不同,他确实欣赏苏格兰启蒙学者的思想,对斯密、弗格森、李嘉图等的理论进行了不同程度的借鉴,却很不认同他们的道德哲学,对此作出了很多严厉的批评。但他在《资本论》中对工人遭受剥削的评价似乎又有道德谴责的意味,这就使得这一问题有些复杂,也就是说,马克思不仅强调正义与生产方式相适应,而且为正义的道德性保留了论述的空间,您如何看待这个问题?

莱文: 18世纪的启蒙运动,包括苏格兰启蒙运动,对马克思产生了深刻的影响。苏格兰学者,特别是亚当·弗格森和亚当·斯密,让马克思注意到这个事实:市民社会决定国家。苏格兰学者教导马克思和黑格尔,市民社会先于国家存在,市民社会的机构决定国家的结构。黑格尔受益于苏格兰学者,马克思读过他的著作《法哲学》,其中包括单独论市民社会的一章。但与黑格尔不同,马克思不认为人类的合作在国家中产生,因为国家总是由主奴关系和资本主义剥削来建构的。在这个方面,马克思的相互合作理论与罗尔斯的不同。罗尔斯是一个康德主义者,因为他想建立一个民主政治国家。对罗尔斯来说,国家应当是道德的。我们应当注意到,马克思在1871年撰写了著名的《法兰西内战》,呼吁国家消亡并实现共产主义。罗尔斯认为,我们可能会生活在一个道德的国家,而马克思诉求国家的消亡,因为任何国家都是建立在主奴关系的基础上的。我不喜欢历史唯物主义或科学社会主义这样的术语。我不喜欢这些术语,因为它们强调历史活动的必然性。马克思没有预测历史的进程,而是提出了一种理解历史的方法。我喜欢的术语是马克思撰写了理解社会形态的方法。

臧峰宇: 您的看法让我想起您在《作为马克思主义先驱的黑格尔》一文中的很多观点,您那次讲座以及我对这篇讲稿的翻译对我来说也是一个难忘的记忆。黑格尔深受启蒙思想的影响,马克思既从黑格尔那里了解到苏格兰启蒙思想,也从恩格斯那里了解到英国工人阶级状况与英国工业生产的事实,并认真研究了苏格兰启蒙思想的文献。与法国启蒙思想家相比，苏格兰启蒙思想更多地是一种改革的哲学，而非革命的激进哲学。当然，弗格森或多或少是一个例外，马克思显然对他关于抗争的论述持肯定态度。毋庸置疑，这些改革的哲学和经济学使马克思对资本问题的研究具有坚实的政治经济学基础，而《资本论》的副标题强化了"批判"这一哲学的工作方式。如果从政治哲学角度着眼，您认为应当如何理解黑格尔和马克思的学术思想关系？

莱文：马克思与黑格尔或斯密的共识与分歧主要体现在劳动观念或主观的人类活动领域。黑格尔在1806年写的《精神现象学》中提出了文化世界，认为思想决定文化和历史。斯密在1776年的《国富论》中写道：经济价值，而不是精神，创造了大多数价值。马克思在《1844年经济学哲学手稿》中说，劳动创造社会总价值。所以，马克思同意黑格尔的观点，即在社会世界中劳动是唯一主观的人类活动，但是不同意黑格尔对主观的人类活动来源的理解：黑格尔说是精神，马克思说是经济。所以，马克思同意斯密的观点，即劳动是价值的来源，但是不同意斯密认为的劳动是总来源和经济价值的起源。《资本论》的副标题是"政治经济学批判"，这意味着在《资本论》中马克思要批判那些不认为劳动是唯一价值的经济学家们。马克思的《资本论》确实将黑格尔的《精神现象学》翻译成了经济学。恩格斯不理解这一点，所以他不能完全理解马克思。

臧峰宇：您的论述对马克思政治哲学研究是有益的。多重视域的马克思政治哲学研究无疑体现了比规范的马克思正义论研究更丰富的学术理路，但可能形成马克思思想多重面相的问题。即马克思哲学被人们从不同角度解读和重构，因而在学者们的著述中出现的并非只有"两个马克思"，而是各种各样的马克思，他的思想可以是现象学的、结构主义的、后现代的、精神分析的、文化的……这样的阐述当然也不乏道理。可是，确实存在着"回到马克思"的问题。我之所以强调马克思政治哲学研究，也是从"回到马克思"的角度立意的。因为马克思主要是一个力图超越资本主义的政治哲学思想家。当然，作为政治哲学家的马克思与其他规范研究意义上的学者很不一样，他的政治哲学也颇为独特，尤其是他的国家观念显然与很多政治哲学家的理路不同。您认为进一步研究马克思政治哲学，应当注重研究哪些文本？

莱文：为了探讨马克思政治哲学，需要将他的政治理论分为两个阶段：从1842年至1847年以及从1848年至1875年。应当解读的马克思从1842年至1847年的文本有：(1)《黑格尔法哲学批判》；(2)《论犹太人问题》；(3)《评一个普鲁士人的〈普鲁士国王和社会改革〉一文》;(4)《詹姆斯·穆勒〈政治经济学原理〉一书摘要》;(5)《1844 年经济学哲学手稿》;(6)《德意志意识形态》"费尔巴哈"章之后的各章;(7)马克思 1842 年写给阿诺德·卢格的信;(8)《关于费尔巴哈的提纲》。所有这些手稿都基于国家总是压迫工具的原理,而为了实现共产主义,市民社会必须取代国家。马克思政治思想的第二阶段是从 1848 年至 1875 年,在这一时期值得解读的主要文本有:(1)《共产党宣言》;(2)《法兰西阶级斗争》;(3)《路易·波拿巴的雾月十八日》;(4)《法兰西内战》;(5)《哥达纲领批判》。在所有这些著作中,马克思都在探索什么能够取代国家。他在 1871 年的《法兰西内战》中得出这个结论:他将巴黎公社视为共产主义社会的范例。1871 年巴黎公社在法国所实现的已经接近马克思所理解的共产主义。在他后来的《哥达纲领批判》中,马克思这样描述在共产主义社会中生产和分配的形式:"各尽所能,按需分配。"

臧峰宇:您在《辩证法内部的对话》中对毛泽东的《实践论》和《矛盾论》与黑格尔的学术思想关系的解读颇为独特,即从毛泽东引用列宁《哲学笔记》的字句为例,说明黑格尔化的列宁主义和毛泽东思想的关系,由此与斯大林主义相区别。在体会这个解读的过程中,我注意到毛泽东在写《实践论》和《矛盾论》之前充分阅读了米丁等人撰写的《辩证唯物论与历史唯物论》,并写了数千字的批注,这些批注后来成为写作这两部文献的基础。我还注意到阿尔都塞在《保卫马克思》中对《矛盾论》做了多元决定式的理解,并得出反黑格尔主义的结论。这与您的看法无疑是相反的。您如何看待苏联哲学教科书与列宁的《哲学笔记》在《实践论》和《矛盾论》中的位置?同时也请您评述阿尔都塞的相关观点。

莱文:阿尔都塞认为,黑格尔是他思想上的敌人。他说我们应当从 1848 年开始研究马克思,或者说从《共产党宣言》的出版开始研究马克思。阿尔都塞想将马克思 1848 年之前的手稿排除在学术研究的范围之外。阿尔都塞提出这一点是因为马克思 1848 年之前的写作表明他多么深刻地受到黑格尔的影响。黑格尔是马克思人本主义思想的来源。黑格尔也是马克思反抗异化的斗争、自我异化和主奴思想的来源。阿尔都塞反对 1968 年的学生抗议,因为这场抗议是由黑格尔—马克思的人本主义思想推动的,阿尔都塞想要坚持结构主义,或尽可能地接近列宁。列宁是一个唯物主义者,而阿尔都塞想要关注社会的唯物主义结构,而不是人本主义。

斯大林主义的胜利确保恩格斯—列宁—斯大林的哲学线索被认为是共产主

义思想的正统的发展轨迹。斯大林将辩证唯物主义神圣化为真正的共产主义哲学。毛泽东读过列宁的《哲学笔记》,他的《实践论》和《矛盾论》延续了列宁的辩证唯物主义。在他的这两篇文章中,毛泽东将中国的阴阳思想与黑格尔关于矛盾及其消除的辩证法联系起来。毛泽东发展了辩证哲学,在这里,这条哲学线索变成了恩格斯—列宁—斯大林—毛泽东。为了改进当代马克思主义哲学,有必要增加黑格尔哲学,并将马克思哲学黑格尔化。

概念的革命和革命的概念[*]

【美】迈克尔·哈特　秦兰珺

2011 年 5 月 4 日,在杜克大学文学系主任办公室,秦兰珺博士与迈克尔·哈特教授就左翼理论的一系列问题进行了广泛交谈。从"概念的革命和革命的概念"的理论视野出发,哈特教授谈到了他的宏大的学术工程"《帝国》三部曲"、给他带来深刻影响的重要思想家德勒兹和奈格里、美国左翼理论的有效性以及互联网的经济和政治权力斗争等问题。哈特认为,人们对概念的常规理解是历史斗争和理论斗争的结果,而改变世界的众多措施之一就是改变这些概念。革命是基于让世界更加美好的信心和希望,而革命的结果则应是人的能力的提升。

一、《帝国》三部曲和概念的更新

秦兰珺:哈特教授,您好! 很高兴与您交流! 首先我想问的是,您的"《帝国》三部曲"包括《帝国》、《大众》和《共同体》,这三本书的侧重点各是什么? 它们之间有没有什么逻辑关系? 在它们写作的过程中,您的思路有没有发生过显著的变化?

哈特:我也不确定我是否知道这一问题的答案,或许其他人才是回答这个问题的更好人选。或许从某种意义上说,德勒兹(Gilles Deleuze)对我们的第一本书更重要,而福柯(Michel Foucault)对我们的第三本书更重要,例如有关自由的问题等。我们的写作在更大程度上由我们对自己的质疑和不满激发。我们一完

＊　迈克尔·哈特(Michael Hardt),时任美国杜克大学文学系主任、教授。秦兰珺,时任北京大学比较文学与比较文化研究所博士生。

成《帝国》就开始批判它,当然,这种批判并不意味着说《帝国》是错的,而是说我们并没有真正理解书中所用的一些术语,我们在书中发起了关于某些概念的探讨,但是我们的工作虎头蛇尾。我们对彼此的批评和自我批评,很多都是和这些术语和概念相关的。例如,当我们完成《帝国》时,我们发现我们虽然在使用"大众"(Multitude)这一概念,却不清楚我们用"大众"到底来指什么,"大众"究竟有什么手段和方法来躲过权力世界的搜捕。或者,我们使用了非物质劳动(immaterial labor)这一概念,但是我们不确定到底是否真的有这样一种劳动力,它究竟只是欧美的特例,还是可以同样适用于那些处于从属地位的国家(subordinate countries)。这些问题给我们的下一本书列出了提纲。听起来,写作好像是杂乱无章的。是的,如果我们足够聪明,我们会事先绘制出未来的图景。但是,这个写作过程的确是由我们对自己持续不断的不满和发问引导的。

或许,在某些情况下,世界上发生的事情也会对我们产生影响。例如,我们在写《大众》的时候,不仅正巧发生了"9·11"事件,也发生了美国的反恐战争,发生了美国对阿富汗和伊拉克的入侵。因此我们必须在书中探讨战争:战争在今天有什么变化,战争意味着什么?

秦兰珺:我们是否可以认为,您写第二本书是为了回答第一本书给您留下的问题,同时也是为了回应这个世界正在发生的事情?

哈特:我们是这样认为的,同理,我们的第三本书是为了回答第二本书中的问题。这也是我们为什么要停下来的原因。不然,按照这一趋势,我们会刹不住一直写下去。

秦兰珺:显而易见,这三部曲的主题是政治,是在政治领域中进行集体创造的计划。但是您在书中再三重申这是一本哲学著作,一本有关概念和概念的发明的书。那么,发明概念和政治行动的关系是什么?或者说,在这里除了马克思主义的老话题:理论和实践,您有什么新的见解?

哈特:我认为,我们的政治概念已经被严重污染了。今天,我们的重要使命之一就是重新思考这些词汇表中的核心概念,例如民主和自由,例如共产主义——我认为共产主义也是一个堕落的概念。我在这里说它们是堕落的,是因为在很多情况下,它们正好走向我认为它们应该表达的意思的反面,或者它们曾经表达的意思的反面。例如,在我的理解中,共产主义的一个重要特征就是它最终要通向国家的消亡和民主秩序的建立。但是今天,当我们使用共产主义这一概念时,我们指代的却是国家对社会的特定统治形式。同样的,我们今天使用民主这一概念,指代的不仅仅是定期选举和司法独立,它经常也意味着对美国外交政策的跟风,或者其他诸如此类的屈从。在这种语境下,它也恰恰是我所认为的民主的反面。我们或者放弃这些概念,或者发明新的概念,或者与这些概念作斗争。有时候,我尝试发明新概念,但是人们总是反感这一行为,并且发明概念的行为有其局限,所以我认为,与已有概念的意义作斗争,或许是更加有力量的选择。

这就是为什么我会说,我们的工作并不直接就是政治性的,也并不直接就是哲学性的。我会说,它是一种斗争,一种争夺政治词汇表中那些核心概念的斗争。我不认为这是理论和实践之间的一种新关系,或者说,我所谈论的这种理论化过程,在大学里和在政治运动中占据着同样重要的位置。我不觉得大学里的学术工作和在大街上的政治运动之间有什么真正的界限。这里的问题不是理论和实践的关系,而是发生在两个不同层面的理论化行为。大学和大街在这里相遇了,它们携手完成这项工作,一种重要的理论化行为就这样发生在政治运动中。

十年来的全球化抵抗运动就是这样一个例证。运动参与者绘制的全球化图景,和我与奈格里(Antonio Negri)在《帝国》中提出的非常相似。这并不意味着他们跟从我们或者我们复制他们,而是我们处理着类似的问题。我们认为"美帝国主义"这一概念不能再让我们充分理解今天的全球秩序,而那些抵抗者也这样想,如果美国和白宫真的能胜任一切控制,那么他们只要在白宫门前示威就好了。但事实上,他们这周对世界贸易组织表示抗议,下周对世界银行表示不满,再下周目标又转移到了国际货币基金组织。似乎他们反抗的是一张权力的网络,他们审视的正是这张网,而这恰恰也是我和奈格里做的事情。这里他们投身的不仅仅是实践运动,也是理论调查,不过理论调查是在实践运动中展开并完成的,它不能与实践分离,它恰恰存在于实践之中。

秦兰珺:您是否认为理论和实践是相互包含的?

哈特:是的,我不会说它们是一回事,但是在此类政治运动中,它们是很难分开的。

秦兰珺:您刚才讲到,我们的政治术语已经被污染了。当您判断某个东西被污染了,或者说它应该是什么样子时,您有一套价值系统作为评判标准吗?

哈特:我想,这套标准最终应该是我的政治"欲望",我会说这不仅仅是我个人的政治"欲望",也是我从左翼著作中读出的"欲望"。左翼——不管是美国还是其他地方的左翼——如今还没有找到一些合适的概念能够让他们去追求和实现自己的政治理想。民主就是这样的例子,我认为民主完全能够充当左翼思想的核心范畴,但现实并非如此,今天它表达完全不同的东西。

所以有时候,我会说我的评判标准是这些概念曾经表达的意思,例如民主曾经意味着什么,自由曾经意味着什么。翻出这些"曾经所是",不仅是为了松动人们对概念的常规理解,也是为了让人们看到,这些概念可以有其他含义。

换言之,政治概念是政治斗争的产物。从某种意义上说,斗争的失败导致概念的腐败。为什么自由和民主对于我们不再是有用的概念?那是因为我们失掉了这些概念的战场。我不是说只有政治斗争发生,而是说同样并行的还有在知识领域争夺这些概念的斗争。

秦兰珺:我们刚才谈到概念的发明。德勒兹在《什么是哲学》中有这样一个说法:做哲学就是发明概念的活动。但是德勒兹的策略是发明新的词汇,诸如"精神分裂分析"(Schizoanalysis)、"无器官的身体"(body without organ)等。那么,为何您的策略是更新旧的词汇?您不觉得有时更新旧术语比发明新词汇惹来的麻烦更多,遭遇的误解也更多?

哈特:你的这个问题以某种方式回答了你前一个问题,即为什么我们的书是哲学性的。如果我们能够以发明概念来理解什么是哲学,如果我们的确发明了什么概念,那么我们做的确实是哲学工作。发明和再发明概念,是我们重要的政治使命。

我理解你所说的重新界定现有概念的困难。但是如果我们遗弃它们,我们也同样放弃了很多优势。我们谈到的许多概念——例如无产阶级、阶级斗争、工人阶级、劳动力等——自身就携带着一部鲜活的历史,一部胜与败的历史,一部人的斗争史。如今,我们依旧认为这些概念是重要的,我们尽力使它们获得新生,并且通过这种方式,我们在某种意义上挽回了历史。而发明新词汇(例如"生命政治"、"精神分裂分析"等)自有其危险和局限:它们缺乏历史——昨日的斗争史。

秦兰珺:是否可以认为,复活这些承担着历史的概念,可以让我们从一个新的视角观察历史?

哈特：是的，同时也让我们自己成为那段历史的一部分，而不是转身视而不见。尤其是对于共产主义这一概念，你是承认与它的联系，还是断绝与它的联系，这对于我是一个重要的判断依据。

秦兰珺：您要发明概念就要赋予概念新的含义。例如，您提出国家暴力机器之外的法的概念，提出不以有机体（Organ）的组织形式为范式的"机构"（Organization）概念，还有"无代表的民主"（democracy without representation）、"无身份的抵抗"（resistance without identity）、"无主权的治理性"（governmentality without sovereignty）或者"无超验性的主权"（sovereignty without transcendence）概念。您是否认为，这些"概念政治"很难被应用到真正的政治实践中来？毕竟，政治归根结底总要回归实践。比如，我们今天如何绕过代议制实现民主？

哈特：这里有三种情况。我想首先我们可以从部分现实主义或实用主义出发。无代表的民主——我更愿意称它为参与式民主（participatory democracy），或者平等和自由的民主——是真实的。我们应该承认，人们正在以某种不完全的方式实践着这种民主，有时在某些小团体内，有时在某些社会运动中，有时在特定背景下。如果我们能够看到它在小范围内的可行性，我们就能够想象它在大范围内被落实的情景，并为此努力。

其次，我们应该看到，我们提到的以上某些概念已经实现了，虽然是由统治性的力量付诸实践的。而我们要做的是努力构想出它的另一种可能性。例如，我们所说的没有主权的治理性已经在全球范围的很多层面发生。需要澄清的是，这并不意味着民族国家或者国家主权就不重要了，而是说，一种不受国家限制的治理模式业已形成，它甚至已经创造出自己的跨国法律体系和贸易体系。换言之，全球资本已经实现了无主权的治理性，今天，我们识别出这种治理实践，是为了能够构想出一种反资本主义的治理性，一种自由和民主的力量。

还有最后一种情况，它看起来的确是不可能实现的。但是对这种"不可能"的想象却是至关重要的。曾经有很多政治理想在初期都被认为是天方夜谭，但是在并不长的一段历史时期内，它们就证明了自身的可行性。或许，我们那时会把它们当中的某一些称作乌托邦思想吧。其实，总体上左翼思想的一个核心元素，就是对所谓的"不可能"的构想。我虽然和你同样有实用主义要求，渴望将概念落实，但是必须留有这样一个空间，这样一个对"不可能"发出要求的空间，用一个口号来说，就是"知其不可为而为之"（demandez l'impossible）。

秦兰珺:除了这些政治术语,您似乎也更新了其他一些概念,例如"幸福"(happiness)、"爱"(love)、"穷人"(the poor)。您把它们置于政治语境中,在政治话语中使用它们,把它们变成政治概念。但是对于大多数人来说,这些概念过于私人化,过于感性,似乎很难用来讨论严肃的公共政治话题或是参与到政治的权力游戏中来。

哈特:从某种意义上,这些概念打破了公共和私人的界限。在欧洲政治史的某一时期,"爱"和"幸福"都是核心政治概念。在 18 世纪的法国,"幸福"就是一个政治概念,在政治语境中使用"幸福"是合情合理的,例如"公共幸福"(Public Happiness)。公共幸福不同于私人幸福,它意味着一个好的政府,一个民主的政府;公共幸福也是幸福,但是它离不开体制的支撑,正是这样的体制结构保证了社会全体成员的共同繁荣。我不知道,在中国的传统政治词汇表中是否也有类似的概念,它意味着一种共同的社会结构,在这样的社会中,我们共同发展,力量得到共同提升。

但是,"幸福"只在很短的一段时期履行了其政治职能,表达着公共幸福。18 世纪以来的英语和法语世界,幸福被私人化了,它用来指个人幸福,你的或我的幸福。托马斯·杰斐逊(Thomas Jefferson)起草的《独立宣言》最脍炙人口的开篇四句就是一个最好的例子。他说我们被赋予了"某些不可转让的权利,其中包括生命权、自由权和追求幸福的权利"。杰斐逊说的幸福,不是你和你的宠物狗安逸地躺在家里的沙发上的那种幸福,而是参与建构一个能够协助其社会成员实现共同繁荣的政府的权利。这样的权利对于我来说是意义重大的,它不同于个人幸福。同样的话也适用于"爱"。"爱"在历史上曾经也是一个政治概念。"爱"意味着亲密关系和相互关爱,并以这样的方式来营建共同体。

我们把"穷人"也作为政治概念提出来,但穷人概念略有差异。"穷人"并没有像"爱"和"幸福"那样被私人化,但它一直以来不过是一个经验性概念。我们感兴趣的是用"穷人"这一概念来重新组织我们的阶级分析。应该看到,如今工人阶级不再仅仅局限于产业工人,我们必须同时考虑到那些从事生产和不从事生产的人、那些有固定工作和工作不稳定的人以及那些流动的农民工。这样的阶级分析,对于现代国家都同样紧迫。我们不能再以过去分析阶级成分的老公式来套用今天的工人阶级,我们必须要扩展工人阶级的概念,这样才能把穷人的力量也包括进来,这样我们才能理解穷人的力量和他们的社会境况。

秦兰珺:但是,从某种意义上,这些概念已经被污染了,我们如何清理它们?

您也提到过一些不那么抽象的措施,例如在人们的日常互助行为中进行"爱的训练"。那么,什么是"爱的训练",我们如何教会一个人去"爱"?

哈特:你是对的,我们刚刚谈到了争夺概念的斗争。但是这样的斗争不只发生在知识领域,它同样必须在实践层面展开,概念就是在这个层面参与到自身的政治表达和社会表达中去的。我想,这种实践层面的斗争与我们所说的"爱的训练"是吻合的。我们之所以提出"爱的训练",是因为爱——尤其当我们把"爱"当作一个政治概念时——并不是自发的,它甚至不是自然的,它是需要在实践中去学习的。的确,大众文化和电影告诉我们这就是爱,而我们也通常这样去理解爱:当你遇上爱,你就会自动陷入爱,迅速作出爱的举动,好像你已经知道什么是爱,如何去爱。我想,即便是在私人领域,爱也并非如此;那么当我们从社会角度来这样思考"爱"时,这样的观点就更加荒谬了。

我们必须在实践中学习如何生产社会关系,这种社会关系深谙爱的真谛。因此,我们需要一种训练,通过这种训练来学习如何去践行爱。你可以将爱的训练想象为一名运动员,他通过反复的锻炼使肌肉变得更强壮。他要做的不仅仅是重复训练,而且是正确训练,学习如何与他人合作。我想,我们也需要如此这般地去练习。

二、德勒兹和奈格里

秦兰珺:德勒兹提出一种爱的模式"黄蜂—兰花之恋",而您也把这种模式作为爱的典范。您觉得德勒兹和加塔利(Felix Guattari)的合作是不是"黄蜂—兰花之恋"实际案例,我们是否也能以这样的"爱"来看待您和奈格里的合作?

哈特:这是一个很美好的例子,它来自自然,来自生命。一只雄性黄蜂把兰花误认为雌性黄蜂,于是它们之间发生了伪交配,雄蜂获得了花粉,并把花粉传给了另一只"雌蜂"。真爱并不是爱其所同,而是爱其所异。这样的"黄蜂—兰花之恋"带给我一种非常有价值的理解:爱不意味着同一,不意味着在爱中合二为一。但是,好莱坞电影告诉我们,当我与你陷入爱河,你就是我曾经失去的生命中的另一半,你我就这样在结合中变得完整。在我看来,即使在私人领域,这也是对爱的一种可怕的理解。如果把它放到社会层面,这样的观念就更加骇人听闻了,它被用来建构社会统一体:要爱你的种族,爱你的国家!

黄蜂—兰花之恋传达给我的是爱的另外一种含义:爱陌生人。通过这样的爱,一种新的生成(becoming)被创造出来。这就是德勒兹和加塔利说的黄蜂—

生成一兰花,而不是黄蜂变成兰花。对于黄蜂和兰花,爱是一种过程,一种彼此生成的过程,一种自我变化的过程,在和迥异于自己的他者的相遇中发生自我变化的过程。这种对于爱的理解,在我看来是非常有价值的。

你问我,我们能否用相遇来理解德勒兹和加塔利,或者是我和奈格里之间的关系。是的,这一合著过程关乎的不仅仅是两个不同的人,这两个人在这一相遇中都变得不同了。因此,这样的比喻对我很适用,并非是一个人变成了另一个人,并不是德勒兹变成了加塔利,也并不是德勒兹站到他们的中间立场上,而是在这一相遇中,一种新的东西从他们彼此的生命里被激发出来。这样一种对爱的理解,即便是在私人领域也非常有趣,我爱你,在我对你的爱中,不是我变得更像你或者你变得更像我,不是我们俩合二为一,而是一种转变在你我的邂逅中发生,你我因此都变得与从前不同。我想这才是我们对爱的更有价值的、更有启发性的和更加丰满的理解。

秦兰珺:但是有爱并不意味着没有冲突,如果你们对某一问题持有异见,而你们又必须合著一本书,那时你们是如何解决你们的分歧的呢?

哈特:现在我说的不仅仅是我和奈格里,也包括任何合著组合或合著团队。其实真正的问题很少涉及他们是否就某一问题达成一致,这里,更重要的是他人是怎么想的。其实,我经常不能与自己保持一致。

秦兰珺:您总是在"生成他者"?

哈特:是的,听起来我像一个疯子。但我认为我俩其实都是如此。在写作中我们作出论证,我们通过论证写作,但是在我们的论证中总是会有矛盾和疑问。同样,我也会怀疑我自己的论证,它也存在着很多问题,在这种情况下我不会在合著中使用这样的论证。当然,我们书中的某些部分是奈格里不能理解和无法接受的,另一些部分是我不能理解和无法接受的。但我们的任务是努力写这本书,尽力给出我们的论证。换言之,我们会有分歧,但大部分情况下这种分歧无关痛痒,我们更多地是在以各自的论证写这本书。这就是为什么我和奈格里作为个人对于我们的合作都是第二位的,这一说法听起来或许会很奇怪。

还有一点我要说的是从我们的合作中产生的声音,并非奈格里在以我的声音写作,也并非我在以奈格里的声音写作。

秦兰珺:您说的是一种"复调"?

哈特：部分是这样，但我们也发现了第三种声音，这种声音既不是他的也不是我的。我猜你也会说，其实每一种写作在他自身之内已经包含了另外的声音。即便是你，当你在写作的时候，你也会有不同的声部吧？

秦兰珺：对于德勒兹，您能再多说些什么吗？为什么您的博士论文选择以德勒兹为研究对象？您在论文的结尾提到，按照德勒兹自身的逻辑，他的哲学一定会通往实践。德勒兹在您的写作和实践中占据了一个什么样的位置？

哈特：我觉得德勒兹的思想不仅令人激动而且给人以力量，在我生命中的某个阶段，他对我的影响很大。或许，对于每一个人，都会有这样一位能够肯定他的思想家。德勒兹带给我的不仅仅是思想的激动人心，更是一种思维的能力，一种对"我还能够这样去想"的发现。

德勒兹不是苏格拉底意义上的哲学教师，他不教他的读者如何去思考。在更多情况下，他留给我们的是一个思想的案例，和他一起思考，我就能更好地去思考。他带给我的是一种方法，这种方法让我看到了我能够怎样反省自己。

斯宾诺莎有一个概念叫做"快乐"（Joy），这个概念非常吸引我。这种快乐意味着思维力和行动力的提升。其实，斯宾诺莎的"爱"也有着相同的含义。的确，有时当你与某些人一起的时候，你就能更好地思维，你清楚并不是你变聪明了，但你就是能够在与他们的对话中，在他们的陪伴下，因为他们、由着他们而产生更有力的思想，这对于我是一种莫大的快乐和享受。我爱这些人，我认出了这些人，我觉得这就是斯宾诺莎"智性之爱"（Intellectual Love）的真正含义，似乎这是一种非常具有实用价值的爱的含义，我们总是能感受到它。至于德勒兹，虽然我很少把他看成某个人，但是和他一起工作、阅读他的著作，的确带给我一种思维的力量。是的，这是一种快乐。

秦兰珺：但是，在阅读福柯或其他思想家时，你也能感受到这样一种力量和快乐，这样的一种笑。那么，为什么不是福柯，不是德里达或者其他强有力的思想家？

哈特：我不知道我是否能给出很好的理由，或许他仅仅是……

秦兰珺：一种偶然？

哈特：或许仅仅是一种偶然。但是德勒兹赞同我，这种"赞同"不是人们通常理解的同意。它是斯宾诺莎意义上的适合。当你说某物赞同你的时候，你的意思是他对你很合适,他就是这样适合着你。正是这种适合建构了思想,德勒兹的思想与我的所思所行就这样一致起来,协同起来,连接起来。因此,不能说它是偶然事故,其实在每一个人身上都会发生这样的适合。而德勒兹就是那个适合我的思想家。

三、辩证法和左翼

秦兰珺:本学期,您要求上您的课"马克思主义和社会"的学生阅读马克思的经典原著,邀请他们重新审视马克思。似乎您的"《帝国》三部曲"已经在做这一工作了。您在当代社会现实的背景下,重新思考了马克思价值理论中的那些核心概念,例如劳动力、抽象劳动、剩余价值等,并赋予它们新的含义。我们是否可以认为,您在写一部信息时代的《资本论》?

哈特:是的,是马克思主义要求我们这样做的。思想要跟踪社会现实,要回应社会现实,这是马克思思想的一个重要组成部分。社会现实变了,关于社会现实的思想也要变,甚至我们的概念也要跟着变。

恰恰是正统马克思主义告诉我们,我们置身其中的社会现实已经改头换面,因此对于19世纪的社会现实适用的那些概念在今天也必须脱胎换骨。这样说似乎很反讽,但是我会说,我们重新反思什么是工人阶级,重新研究今天的阶级构成,重新发问:人们在工作中干什么、他们的工作环境怎样、他们如何能够成为一个阶级,所有的一切都是为了能够更加忠实于马克思。我们不能想当然就认为从事工业生产的工厂、工业劳动或者劳资关系在今天仍然占据着过去的核心地位,我们必须不断地质疑它们,我们必须观察今天人们在做些什么。如果你分析当下的阶级构成,你就会发现它和马克思对19世纪的欧洲所作的分析大相径庭。你必须更新马克思的概念,使它适应今天的社会现实,抓住现实的特征。你要提出一些新问题:今日中国,我们要如何看待农民工,如何看待那些流动的劳动力,无论他们是在工厂里干活,还是在工厂外谋生?正统马克思主义的方法论就这样走向我们所理解的"正统"的反面,当今的任务就是要重新思考马克思主义的核心概念。

秦兰珺:您刚才提到,我们要忠实于马克思。那么仅仅在马克思19世纪搭建的理论框架之内更新马克思所使用过的概念,您觉得是否足够捕捉到今天的社会现实?

哈特:我并不觉得我们一定要忠实于马克思,我只是说,如果我们要忠实于马克思,我们就要超越马克思。因为今天社会现实已经不同于他所认识的社会现实;并且,即便是马克思时代的社会现实,马克思也并非全盘理解。

秦兰珺:您刚才提到了超越,您在您的博士论文《德勒兹:哲学见习期》中提出,德勒兹的真正敌人不是康德,而是黑格尔。他批判康德,不过是为了绕过辩证法,以避免陷入辩证运动内部的否定逻辑,他最终的目标仍然是辩证法,而您的真正敌人似乎也是辩证法。

为了真正战胜辩证法,您强调"现代性"(Modernity)和"反现代性"(anti-modernity)之外的"另类—现代性"(alter-modernity);您提出"共同体"(the common)的概念,您认为它超出了"公共"(the public)与"私人"(the private)的对立;您指出"大众"(the multitude)这一装置(assemblage),认为它绕过了"个人"(individuality)和"集体"(community)的矛盾;您还发展了"特异性"(singularity)这一概念,认为它从一开始就超越了"一"(one)和"多"(many)的对立。但是仍有人批评说,"你们不过是失败或者未竟事业的辩证法家",换言之,你们试图创造新的东西,但不过是新瓶装旧酒。我在这里举出几个很有说服力的批评,詹姆逊(Fredric Jamesen)认为德勒兹的"生成"逻辑不过是辩证逻辑的另一个版本,辩证法似乎无所不包;齐泽克(Slavoj Zizek)宣称那些表面上看起来的另类可能和反抗行动,最终往往以对这个系统的支持宣告结束;巴迪欧(Alain Badiou)指出,抵抗不过是权力内部的组成部分而已。

您要如何回应他们?您觉得我们是否能够跳出这个看似能够招降一切的资本主义系统的恶性循环,我们能否发明一种新的政治?

哈特:这是一个好问题,我喜欢这个问题,我也喜欢你列出的那些反驳。首先我想说,在日常言论中,辩证法可以用来指很多东西,甚至在马克思主义内部也是如此。例如,有时辩证法仅仅指一种"相关性",很多马克思主义者说"我们要辩证地看待这一问题",意思是我们要看到这些孤立的社会现象实际上是联系在一起的。我们反对的不是这样一种辩证法,而是辩证法的另一种特定含义,它创造出一种综合中的统一,假装"正"和"反"的矛盾已经在"合"的整体中得到了解决,宣称差异双方在此刻获得了协调和统一。我们反对的就是这样的时刻,辩证运动的第三个时刻。因为,的确有另外一种处理差异的方法,从刚才那种辩证法的角度看来,这是一种矛盾在其中无法获得解决的辩证法,一种拒绝第三个时刻的综合的辩证法。

我们有反感辩证法的哲学动因,也有批判辩证法的政治理由。人们利用以上包含辩证运动三个时刻，"正"、"反"、"合"三步走的辩证法，来构建一种政治角色。我们反对的就是这种政治角色。有时，它体现为国家的权力，宣称对立双方已经成功得到协调；它有时体现为政党的权力，在其权力体系内部对各种冲突的力量发号施令。我们反对它，并不意味着我们对所有的机构组织说"不"，我们拒绝的是那种号称要统一冲突和差异的组织，我们渴求的是协调冲突力量的民主机制。我想，这至少是诸多政治理由中的一种，来解释我们对辩证法的宣战和不满，来解释我们避免辩证法的努力。

秦兰珺：那么，所谓的左翼是否也只是辩证运动的一个环节而已呢？有人认为左翼是被资本主义生产出来的，它以批判的方式服务于资本主义，你同意这一观点吗？或者换一个更具体的问题，您既是杜克大学文学系系主任，又是资本主义的积极批判者，您觉得体制内的知识分子如何有效地批判体制？对权力说"不"，是否有被权力重新捕获的危险？

哈特：不仅仅是左翼，就连马克思主义和共产主义也是在资本主义社会及其社会大生产的背景下产生的。马克思主义归根结底是对资本主义社会的批判。批判者和被批判者是分不开的。因此，只要有资本主义及其生产模式，就有马克思主义及其批判学说；马克思主义在资本主义社会扮演了重要的角色。但是，马克思主义——共产主义亦然，左翼亦然——和资本主义、资本主义社会的这种纠缠并不意味着马克思主义和资本主义的合作。

马克思主义留给我们的一个重要遗产，就是让我们看到资本主义之外的替代性方案，让我们认识到这种可能是自资本主义内部诞生的，而不是自资本主义外部发生的。"资本主义创造了自己的掘墓人"，就如《共产党宣言》中所宣称的那样。资本主义为实现明天的美好社会奠定基础，但这并不意味着我们都是被玷污的、堕落的。事实上，正是因为出生在资本主义社会，我们才有可能创造出迥异于它的社会。我不会说，在我头脑中就没有一点辩证法的综合因素，但我关心的是如何挑战资本主义，如何推翻资本主义社会，这并不意味着我们因此就完完全全是资本主义的他者——共产主义也是从资本主义那里来的——而是说真正的挑战是在资本主义内部推翻资本主义的能力。

秦兰珺：如果左翼学者真的能充当这样的反对力量，那么您觉得他们的武器怎么样？我说的是他们的写作和学术修辞。我个人的经历是，我在读他们的著作时总感到疑惑不解，就好像闯进了一个术语的丛林，到处是抽象的大词和晦涩的术语,有时对于我甚至是一个封闭的行话系统。一些人认为,这些学者不过是在玩他们自己的文字游戏,认为自己的工作事关紧要、意义重大、庄重肃穆,但很少有人真正理解它,在乎它,把它当回事。您如何看待开放的社会运动和左翼学者封闭的行话系统之间的关系?

哈特:毋庸置疑,在很多情况下像你说的那样,这样的行话系统,这样脱离现实的学术著作和知识分子的确在实践上和政治上没有什么价值。但是,有时使用并非所有人都能够理解的术语,以一种并非所有人都能够理解的方式去写作,也是必要的。它的目的是发明某种思想,去捕捉社会现状。

我们一直在谈马克思,这里就举马克思的例子。马克思清楚得很,工厂里的工人读不懂他的书。在出版法文版《资本论》时,出版商认为他们或许应该出一个缩写本,然后一部分一部分地出版《资本论》,马克思就此与出版商进行了谈判。他知道,工人即便是读了《资本论》,大部分人也不会明白黑格尔哲学究竟是怎么一回事儿,也不大可能全部看懂他的所有论证。在这个意义上,可以认为马克思使用了并非人人都能理解的特定术语,虽然我不会说它是行话。但是这样的思维、这样的术语使用是必要的,它们能帮助马克思更好地理解资本是如何运作的,资本主义社会是如何运行的,资本社会之外的替代性方案是什么样的。一方面,我赞同你对学术隔离的批判。但是我不会说,只有以每个人都理解的方式写作才是必要的。我认为,针对少数受众的写作并非无用,它的这种用途甚至是一种左翼政治运动中的功用。

秦兰珺:我很好奇您在美国的左翼经验是什么样的?

哈特:20 世纪 80 年代的时候,我还在上大学。我的感觉是,那个时候的政治斗争对知识领域怀有敌意。部分原因是我们不知道问题在哪儿,敌人是谁,如何战斗,我们不懂得如何在实践中抵抗。这样的鸿沟横亘在我的学术兴趣和政治生活之间,我很难过。后来我去了拉丁美洲和欧洲,我发现在这两个地方,知识工作甚至是学术工作和斗争之间的关系与美国是不一样的,学术和政治之间有更多的互动。我想这些年来,美国的状况有所好转,政治运动对知识领域的反感越来越少。

四、版权和网络反抗

秦兰珺:接下来这个问题是关于您的"公共财富"概念的,也涉及您所认为

143

的对公共财富的一种重要的剥削手段:版权或者知识产权。您论证说,知识是人们共同生产出来的非物质产品,知识由共同体生产出来,也生产着共同体。尤其在今天的信息社会,我们是否能够自由地获取知识,对于共同体创造力的提升和生产力的发展是至关重要的。当今,互联网的普及似乎已经奠定了这样的自由通路的基础。例如,网上的免费资源。

但是,这里涉及一个版权问题。当然,您认为知识产权是人们共同生产的知识被私有化的产物,是信息时代新的"圈地"运动,是对生产力的一种邪恶阻挠。但是另一些人认为,出版社和作家就是以此挣钱养家糊口的,因此,他们有足够的理由在生产力和财产权之间选择后者。也有人认为今天的版权问题体现的实际上是旧的纸质媒体和新的网络媒体之间的冲突,是工业时代的生产模式和赛博网络的生产模式之间的矛盾。那么您是如何看待版权问题的呢?我们如何处理不同生产模式在今天的重合?如何在单一的法律框架之下解决这一问题?

哈特:这一问题的最后一部分非常有意思。用生产模式的冲突来解释版权问题是非常有价值的。其实,部分冲突来自于物权法自身的局限,物权法针对的是作为物质的产品,但是人们在很大程度上把它扩展到了非物质领域,而非物质产品的再生产是非常容易的。因此之所以会出现盗版,之所以会有物权法在非物质领域落实的困难,是因为我们缺乏有效的政策和方法。我的意思是说,现有的法律是为物质财产设计的,警察用它来保护我们的财产,阻止小偷盗窃车辆,强盗入室抢劫。但是同样的措施却不适用于对音乐的复制和对思想的盗用——你说这是在盗用思想?我却认为它是在传播思想和生产新思想!我们用物权保护物质财产,的确行之有效。但是如果说,用同样保护物质财产的方式来保护非物质的知识也会切实可行,这种想法毫无道理。非物质的知识从来没有停止过与物权的斗争。这是我们理解版权问题的一种路径。

的确,盗版侵犯了资本主义的意识形态:产品的生产者就是产品的所有者,如果我造了这所房子,它就是我的。如果我做了这个东西,它就是我的。这是一种如此根深蒂固的观念。但是我认为知识的生产,或者其他非物质产品的生产,例如编码的生产,图像的生产,并不是某个天才一人就能胜任的,而是在一个广阔的网络中完成的。如果你承认这一点,那么按照资本主义财产所有制自身的逻辑,知识的主人就应该是生产它的整个网络,而不是作为某人或某公司的个体。这是理解版权问题的第二条路径。

理解版权问题的第三条路径涉及公共事业,甚至触及资本主义社会生产力自身。某个人拥有某台机器,这种私人所有在资本主义体系内部并不妨害机器的正常运行,并不削弱机器的生产力。但是对知识的私人所有却伤及生产力。例如为了生产出更多更好的药物,其药理机制——作为制药行业的科学基础——就应该向科学团体的其他成员公开。如果知识不传播不发表,如果它在科学团体中不为人所共知,那么它就不再具有生产力——知识越是被私有化,就越不具有生产力!我们说,资本积累的私人属性和资本生产的社会属性相互矛盾,在观念的领域、图像、编码和信息领域无疑更加凸显了。因此,为了发展生产力,为了扩大社会生产,作为原材料的知识必不能被私有化,必须要公开。我认为这是理解版权问题的第三个路径。

你反对说,作家、艺术家、音乐家和电影导演谋生的方式是收版税,对此我要谈两点。

首先,在大部分情况下,他们并非以此养家糊口。例如,即便是在当今的资本主义体系内部,拥有音乐的版权并不能提升某位艺术家作品的销量。而我要说的另一点比较哲学,恐怕不会让艺术家朋友满意:人们回报劳动力的方式必须发生变革也正在经历变革。两三百年前,世界各地的艺术家——无论是在欧洲或在亚洲——都是不受版权保护的。但是,他们背后站着富有的赞助人,他们的生计由赞助人负责。你可以说,天啊,这种庇护制和我们今天的所有制是冲突的,从庇护制的消失中才诞生了如今受版权保护的作家。而我认为,今天一种新的针对非物质生产的补偿机制即将出现,我们生活在一个转型期,以所有制的方式对脑力劳动者的补偿正在逐渐消亡,一种新的回报机制即将诞生,或者说它正在诞生。虽然我也不知道它究竟会是什么。

秦兰珺:似乎您书中谈到的很多问题近几年越发凸显,比如说,利用互联网进行的政治抗议。可我总觉得,你对互联网过于乐观。除了科幻小说中描绘的各种网络反托邦,除了理论界对计算资本主义(computerized capitalism)对人的全面控制的批判,我们应该看到,墨西哥的萨帕塔主义者和美利坚合众国的茶党都是深得网络奥秘的政治反抗集团。换言之,无论是左翼还是右翼、草根还是官方,不同的利益集团都已经把网络纳入他们的战略计划。他们或是致力于实现网络的潜力,或是力图阻碍信息的流动,为的都是自身的利益。那么如何利用网络来推动您的工程,您是如何看待所谓的网络民主(cyber-democracy)这一说法的?

哈特:我们可以简称它说是互联网,也可以说它是各种社会媒介,例如社交网络、微博、电子邮件等。网络像其他工具和武器一样,自身不具备政治价值。

它能够被不同的集团利用,能够以不同的方法使用,就如枪并不意味着民主,但是人们可以用它实现民主,它不过是一种武器,甚至不过是一台机器,本身是价值中立的。我会说,没有什么东西必须是民主的,我之所以认为网络能够成为民主的有力武器,是它的一个重要特征:互联网中有着多元的声音,互联网允许多重声音的表达。

五、概念的革命和革命的概念

秦兰珺:我们是否能够把您的"《帝国》三部曲"看做一场概念的革命? 我们是否也可以认为"革命"这一概念在您的写作和整个事业中占据着核心地位。当很多人说革命已经过时了,堕落了,甚至说革命臭名昭著时,您为什么还要把您自己献给"革命事业"?

哈特:今天的世界有一个显著特征:人们不再会去想象另一个不同的世界,一个更加美好的世界。统治性的力量实在太过强大! 美国的军队太强大,武器太智能;法国的警备武装太先进,力量太强大;国家官僚机构的控制无所不在,密不透风;甚至文化也充当起意识形态国家机器的职能,让人们对这样的现实深信不疑——所有的一切让我们很难去想象一个不同的世界,一个更加美好的世界。

我就是在这样的背景下研究革命的,你可以说它是革命,也可以说它是乌托邦思想,或者你仅仅认为它不过是这样的一种观念:这个世界是可以改变的。对于我,这样的信念在今天很重要。我的朋友批评我,另一些人质疑我,说我和奈格里盲目乐观。我想他们这是在说我们虽然做出世界能够变得更美好的论断,但是提供不了让人信服的论证,这样的乐观不过是空洞的希望,没有依据的希望而已。

我想,说它是一种自信或许更合适。过去,人们总能找到反控制的出路,找到抵抗和推翻政权的方法,今天为什么就不能呢? 为什么我们丧失了这样的能力,为什么我们再也发现不了这样一种抵抗的武器和变革的机制! 我想,其他人才是不现实的,我们才是现实主义者,我们重拾这样的信心,相信今天人们也能够找到反抗权力和变革世界的方法,哪怕反抗的是那些看似不可战胜的力量,哪怕这种反抗的方式至今仍然不为人所理解。这就好像我们坚信明天太阳会升起,它在过去发生过很多次,它在未来也会继续发生。如果你不愿意称它为"革命",那么没有问题,你就叫它"希望"或者"信心"吧,这是一种世界可以变得更美好的希望,一种我们可以变革这个世界的信心。

秦兰珺：如果革命没有过时，那您觉得新的时代革命应该有怎样的特征呢？

哈特：今天的革命应该有什么样的特征？我觉得从某种意义上来说、至少从总体上来说，这样的特征是为各个时代的革命所共有的：革命应该是这样一种社会变革，其结果是我们能力的提升，它不只是被动地允许我们去更有力地思考和行动，去延伸自我投入到人们共同的事业中来，它还积极地培养我们的这种能力，推进这种能力的发展。我觉得，革命应该是这个样子的，其实历史中的很多革命就是这个样子的。

秦兰珺：您说提升人的能力，什么样的能力呢？

哈特：总体上你可以认为这是一种生产和创造的能力，但我说的不是生产汽车、电视或者计算机，而是一种社会关系的生产，一种生活方式的生产。我觉得今天对于我们的生命最可怕的事情——或许这没有发生在世界的每一个角落，但也至少是大部分地区——就是人和其能力的分离。我知道，这是一种非常抽象的说法，但对于我是一种很不错的说法：用革命去恢复这种人和其能力的关联，这种关联的需求似乎如此真实和必要，因为我们总是要问我能做什么，我怎样才能充分发挥自己的能力，我能怎样生活，我能创造怎样的生活。

秦兰珺：提升人的能力，我想这也是教育的目的。您能谈一谈教育和革命的关系吗？

哈特：现代革命和教育总是紧密相连，但我现在说的教育不是学校中的那种教育。提升人的能力，实现人的潜能是一项浩大的社会工程。是的，这种教育就是我们谈到的那种"公共幸福"，这就是人们在 18 世纪的法国使用"公共幸福"这一概念的含义。

秦兰珺：《共同体》是您的三部曲中的最后一部，它的前言是这样结尾的："We want not only to define an event but also to grasp the spark that will set the prairie ablaze"。这让我想到毛泽东的一句名言："星星之火，可以燎原"。您是在引用毛泽东吗？抑或这不过是你们的一种修辞巧合？可以谈一谈您和毛泽东之间的这种有趣的共振吗？

哈特：这是我的一种有意引用。我觉得这个比喻确实表达了毛泽东的意思：某些事件一旦触发，某些行为一旦开始，就能够按照自己的逻辑传播开来，它们充满力量，同时也充满危险。认识到这一点很重要。革命运动需要力量，甚至是一种摧毁性的力量,我想这种力量是必要的,是有价值的。

在某种意义上,毛泽东思想是马克思主义的翻译,不仅仅是西方语言到汉语的翻译,也因为这种语言的转变,使马克思主义适应了中国传统并深得其力量。那么,很高兴这里我们能有相反的"翻译"运动,将毛泽东的思想翻译回欧美。

秦兰珺:不过我的感觉是,有时中国的实际情况和西方的左翼或右翼话语关心的问题不大一样。套用一句常说的话:中国自有其特殊状况。我总觉得一些西方学者把他们自己的问题和焦虑投射到对中国的观察上,用他们的理论框架来套中国的实际情况。但我想,更适合中国的问题或许会是另外一些? 中国历史上有很多革命,毛泽东熟读中国历史,我觉得他的革命是中国传统与马克思主义相遇的结果,或许受中国传统的影响更深。但是,当一些学者回过头来看这段历史的时候,他们或许会比较强调西方的影响,西方的革命,这是我的一些想法。

我的最后一个问题是,中文版《帝国》已经出版,《大众》和《共同体》正在翻译,您对中国的读者想说些什么?

哈特:我要问中国读者这样一个问题,我自己对这一问题也很感兴趣:中国的社会主义历史和社会主义财富在今天是如何发挥作用的? 中国的社会主义历史留下了巨大的财富,这笔财富在今天具有怎样的社会性的生产力? 在何种程度上,这种生产力的中国模式也可以被其他国家借用? 我说的不是毛泽东崇拜,我认为,虽然那段历史时期几乎所有的发展、实践和创新都与毛泽东有关,虽然他在很多方面都表现出惊人的智慧,但是中国的社会主义历史不只关乎毛泽东,从 1949 年到他去世的这段历史不只是他的时代。

我所说的是一笔被广泛继承下来的遗产,它是中国社会主义实践和思维方式留下的遗产,这笔遗产并没有被完全遗忘。它不是一种面对历史的尴尬情绪和负债情怀,而是社会主义的历史——社会迅猛发展的二三十年——给我们留下的财富。不仅仅是你父母那一代人,就连你,没有亲历过那个时代的这一代人,身上也背负着这段历史留下的财富。你和你父母那代人不同,你们的时代不同,这种差异是我想理解的;或者说,我很想明白,在你们身上这笔财富经历了怎样的变化和发展。我渴望知道,我希望看到这笔财富在今天能够怎样被表达。

和谐的愿景与去殖民化的世界想象[*]

【美】沃尔特·米格诺罗　何卫华　谢海燕

2008 秋至 2009 年春,何卫华博士赴美国杜克大学访学,参加沃尔特·米格诺罗教授的课程,与之深度交流。2012 年春,米格诺罗应邀到北京和上海等地讲学,何卫华、谢海燕再次围绕去殖民理论等相关话题,同米格诺罗进行了深入的交谈。作为对世界历史和当下世界局势的独特理解视角,去殖民理论是拉丁美洲知识分子的重要理论贡献。在米格诺罗看来,15 世纪以来形成的以欧美为中心的世界格局是殖民权力矩阵的直接结果,当下左翼理论只是质疑殖民权力矩阵的控制权,但实质上,同其完全脱钩才是当务之急,以生命为目标的政治愿景才是理论的终极视阈。

一、地理政治与去殖民性的缘起

何卫华:随着前殖民体系的崩溃和第三世界的崛起,西方意识形态霸权在全球范围内开始遭到挑战、削弱和颠覆。由于这一新的历史境遇,使得重新审视现代性及其黑暗面成为学界热门话题,因为现代性往往被视为既往世界秩序隐含逻辑中的重要一环。学界虽然在"争说现代性",然侧重点却千差万别:在欧美语境中,反思的对象往往偏重于工具理性、线性发展逻辑和对环境等造成的破坏等;而在中国等第三世界和前殖民地国家中,现代性和帝国的关联则是学者关注

＊　沃尔特·米格诺罗(Walter Mignolo),时任美国杜克大学文学系教授、全球研究及人文研究中心主任。何卫华,时任上海交通大学外国语学院博士后。谢海燕,时任浙江理工大学外国语学院讲师。

的重心之一。在中国语境中,王宁、汪晖、阎学通和秦晖等众多学者都曾参与对现代性的讨论,并形成了一定的国际影响力。在国外,众多像您这样的去殖民性(decoloniality)理论家同样在反思现代性,并在理论上造诣很深。据我了解,大部分中国学者对去殖民性理论比较陌生,尽管该领域少数学者的名字在中国也会被提及。近些年,学界经常谈论知识的地理政治学,您能否先由此对去殖民性理论进行一些概要性描述?

米格诺罗:这首先得讲讲殖民主义(colonialism)和殖民性(coloniality)的差异。殖民性无需殖民主义,它是一种内在逻辑,或者说是一种殖民权力矩阵(colonial matrix of power);作为西方文明和西方帝国大厦之基石,殖民性为西方在全球范围内的扩张和干涉行为提供合法性论证。中国学者对"殖民性"等概念相对生疏,很重要的一个原因可能是因为南美是这些知识的策源地。有些人习惯性地认为,只有欧美的知识才是正宗的知识;众多对本土思想缺乏信心的非欧美学者仿佛总觉得,知识非得经过西方体制和出版社的合法性认证才成。幸运的是,这一情形正发生改变,对西方说"不"的人与日俱增。第三世界的崛起已是不争事实,秘鲁社会学家阿尼巴尔·奎杰罗(Anibal Quijano)在1990年最早提出殖民性概念,正是受到这一全新世界格局的启发。

在哲学话语中,"殖民性"和"生命政治"是当代思想论争中两个关键概念。由17世纪下半叶以降,社会对人口和身体的控制日趋强大,"生命政治"和"生命权力"就是福柯分析这一现象的重要概念,这种控制对当时不断崛起的欧洲民族国家而言有举足轻重的意义。此时民族国家还只是欧洲的独有事物,世界上其他地区更多关注和体验到的则是"殖民性",也就是欧洲的扩张及伴之而来的种族主义。在某种意义上,殖民性/种族主义是去殖民性概念,而生命政治/生命权力则是后现代主义概念。欧洲人肯定无暇顾及自己从未体验过的"殖民性",他们也许熟悉"殖民主义",但"殖民性"却是另一回事。现代性才是有欧洲中心主义思想的知识分子所关注的中心,他们创造出替代性、边缘化和属下现代性等花样繁多的概念,以期掩盖殖民性,但只有一种现代性才是他们心目中的圭臬。占世界人口百分之八十的非欧洲人的经验都无法用"现代性"解释,因为他们体验到的是殖民性,而不是现代性。

作为殖民性概念的诞生地,拉美五百年来的历史和欧洲一直交织在一起,欧洲是这里的征服者、殖民者、贩奴和蓄奴者。厌倦了所有的这些"进口",拉美知识分子对生命政治和生命权力这些概念兴味索然,这些描述的只是欧洲问题。不同于生命政治、生命权力和诸众等概念,殖民性打开了一副全新的历史画卷,它讲述湮没在欧洲叙事中的故事,释放出被压制的感觉、思想、记忆和需求的声音。在讨论生命政治和生命权力时,欧美知识分子的一贯做法是宣称普适性;而"殖民性"同弗朗兹·法侬(Frantz Fanon)的"社会发生学"(sociogenesis)和"受苦难的人"(damnés)则属于相同的知识谱系,地理政治是其反复强调的中心。在15世纪后期大西洋商业体系形成时,殖民性(或殖民权力矩阵)描述的这种管理和控制就已初露端倪。大西洋地区其时被纳入到全球经济体系,西方全球主义也宣告开始,作为全球性管理和控制结构的殖民性或权力矩阵随之出现并延续下来。有着殖民性张目,欧洲不仅高效地管控着本土人口,对异我族类的管理也游刃有余。欧洲的形成离不开生命政治/生命权力等知识控制形式。拯救的论调、现代性修辞及内在于其中的殖民性逻辑,都是欧洲西方文明和帝国主义权力的强有力支撑,对这些对象进行揭示是去殖民性的目标之一。在一定程度上,生命政治和生命权力实质上可被视为殖民权力矩阵的一个侧面,但关键是对这两个概念的起源要清楚,并深刻理解和认识它们的地理政治。生命政治/生命权力能对欧洲的控制策略进行一定的解释,但对复杂的殖民世界却束手无策。殖民权力矩阵则立足殖民地历史,强调应从殖民地视角来重新审查欧洲和殖民地历史。在某种意义上,整个从15世纪末以来的历史,都可以从殖民权力矩阵的形成、转型和晚近的争夺其控制权的角度来解释。

当然,去殖民性话语并不局限上述分析,它还有建构性层面。除开具体的言说内容、主体、实践、缘起和目的,生成这些具体话语的叙述机制是去殖民性理论更为重要的关注点。

何卫华:清理殖民地所遭受的"创伤"和探究殖民体系形成的机理,始终应是第三世界知识分子的重要任务。作为概念,殖民权力矩阵具有强大的描述性,可以将众多社会层面纳入到理论分析之中。任何强大的、有力度和魅力的理论,必定在某些方面具有自身的独特性。去殖民性毫无疑问提供了一种对欧洲和世界史的重新阐释。但我们知道,任何一种理论都是由很多人的参与和不断完善而历史性地形成的。在去殖民性理论的建构历史中,出现过哪些有代表性的理论家以及应如何理解他们各自在理论上的独特性?

米格诺罗:是的,殖民权力矩阵的复杂结构可大致分为五个领域:知识和主体性领域、经济领域、政治领域、性别和性取向领域及"自然的"世界领域(即,我们的身体是其中的一部分,并不断被"生成"为各种具体的共同体中的"人")。在16世纪之前并不存在殖民权力矩阵,这一存在使西方得以凭借现代性的名义征服世界,并缔造了自身的"辉煌"。也就是说,资本主义是在 16 世界随着大西洋商业体系的形成而出现的,新的主体和知识形式也在这一过程中生成:现代主义和现代/殖民主体。经济只是殖民权力矩阵的领域之一,但自从 20 世纪 70 年代以来已演变为主导性领域。"资本主义"对应的是去殖民性语汇中的"经济殖民性",这也意味着有的经济形式和殖民性毫无瓜葛。第二次世界大战前,经济殖民性或者说经济只是社会的一部分,但现在社会反倒沦落为经济的一部分。在这五百年间的经济殖民性中,新自由主义就是其最新阶段。这种经济漠视生命的存在,人被分成三六九等,对经济增长和利润的追求成为其压倒性目标。利益至上导致了对生命(地球和人类)的漠视,"低劣人种"的生命可随意被剥夺,欧洲在新世界大规模掠夺土地、对印第安人和非洲人的奴役,甚至中国的鸦片战争都是明证。

去殖民性理论的起点可以追溯到 1955 年的万隆会议。苏加诺在这次会议上提出,我们要的"既不是资本主义,也不是共产主义,而是去殖民化(decolonization,也译作'非殖民化')"。在这次有二十九个国家参加的会议上,出席的都是非基督教和有色人种国家,这些国家被苏加诺称为世界的第三极,他实质上指的是一种在宗教和世俗外表掩盖下的种族主义。就本身的历史脉络而言,去殖民性理论范式源于南美。两年后,一位旅居墨西哥的阿根廷哲学家恩里克·杜塞尔(Enrique Dussel)提出了"跨现代性"(transmodernity)的概念,跨现代性有两层意思:首先,作为历史过程的现代性是欧洲演出的独角戏,但欧洲是借助帝国主义/殖民扩张才实现了这一过程,换言之,世界上其他的国家也是这一过程的参与者。这就是跨现代性的基本观点。同时,世界的未来也应是"跨现代的",而不是后现代的。在后现代主义视野中,欧洲被认为是世界史的唯一主角,而跨现代性则认为世界未来应由所有的国家来共同建设。欧盟的困难重重以及美国当下的危机,都表明这一进程已拉开帷幕。此外,拉丁美洲的依附理论(dependency theory)在去殖民性理论体系中也有重要地位,依附的不只是经济,还意味着低人一等的状态。在 70 年代,当奎杰罗在建构依附理论时,杜塞尔则在构想解放神学和哲学。殖民性概念到 90 年代早期才出现,它很大程度上是由苏联的解体而催生。此外,秘鲁知识分子何塞·卡洛斯·马特里亚吉(José Carlos Mariátegui)在 20 年代的努力,其作用也不可低估,因为是他将拉美殖民史同资本主义关联起来。奎杰罗的天才之处则在于,他指出了将两者联系起来的内在逻辑是"殖民性",殖民主义和资本主义都是建立在殖民性的逻辑之上,该逻辑也为种族主义提供了解释:你无法剥削和剥夺一个和你具有同等地位的人。必须得先让他者低人一等,然后才能去掠夺他们的土地、利用他们的劳动力和管控他们。在 16 世纪的现代/殖民的世界图景中,这就是种族主义出现的原因之所在。

这一历史性回顾表明,欧洲的知识谱系并非唯一参照点。在去殖民性的视野中,在政治、经济、认识型和阐释学等各个领域,这个世界都在变得越来越多中心化,思想的策源地也在不断增加。所有思想谱系都植根于特定的"情感结构",殖民主义和帝国主义的创伤则是生成去殖民性理论的情感结构。

谢海燕:您刚才反复强调现代性。去殖民性的视野中,又该如何理解现代性所扮演的角色? 此外,我们注意到,去殖民性和您上面谈的去殖民化是两个不同的单词,应如何理解这两个概念之间的差异?

米格诺罗:现代性观念的核心是"推陈出新"。在 15 世纪,这种"新"的现实基础之一就是出现在欧洲人意识中的新大陆和新人种。因此,当讨论后现代性时,浮现在欧洲人头脑中的是又一个新世界。但非欧洲人的"感觉"却完全不同,尽管也参与过欧洲的历史,但现代性的"新"及其硕果在南美历史中并不存在。对南美历史而言,正如奎杰罗、杜塞尔和我本人所言,这是现代性/殖民性同时出现的历史——大西洋商圈形成的历史,资本主义历史性地奠基的时刻,当下意义上的种族主义出现的时刻,西方的全球经济扩张、征服和同化的过程。由于不同的记忆,没有殖民性做背景,我们无法理解吉登斯和贝克意义上的现代性。正如上面提到的,杜塞尔的跨现代性指出,从 1500 年以来的历史是跨现代性的,因为全世界都参与了缔造欧美神话的过程,而且将来也将是跨现代的,但欧美将不再是中心。这一跨现代性的将来必将是多元的,"金砖四国"的崛起就是推动力之一,它们正在突破目前的单一中心体系。去殖民性所推崇的正是多中心的、非资本主义的世界秩序。

上述去殖民化实际上是去西方化(dewesternization),这是通往非帝国主义将来的重要一步。西方建立、维持和更新殖民权力矩阵(基督教的、自由主义的、新自由主义的等),这一过程和西方的生成齐头并进。现在,全球都在推行积累式经济,经济殖民性也同样如此。但现在的新情况是,经济殖民性不再依赖于相同的政治体制。"金砖四国"等国家正在经历的实质上是去西方化,这意味着,经济殖民性在它们的历史进程中仍在延续,但第三世界人民信心的重塑必将会打开新的通道。在国际层面上,去西方化进程必将导致欧美的崩溃,由于殖民性无法在欧美外施行,它们也就无法在本土继续维持中产阶级的舒适生活。在过去二十年间,去西方化和去殖民化引发的变革具有革命性意义,该进程使一度时髦的"左派"和"右派"概念已经过时。今天,由于超越了先前狭隘的"敌我"式政治理解,去西方化和去殖民性必将成为重要的替代性分析概念。去殖民化麾下的种族革命仍在维持资本主义,但同时还有各种去殖民性过程;它们憧憬的种族和父权革命的目标是没有资本主义,也没有殖民性的世界。和去西方化不同的是,去殖民性坚决反对经济殖民性:如果维持经济增长的原则不能彻底地被改变的话,就不可能有真正的富足和对生命的弘扬。这一条立足于去殖民性视野的全新道路,完全超越了资本主义和社会主义的对立。去殖民性,作为一项认识型的、种族的和政治性工程,是关于全球未来的全新构想。

二、现代世界的殖民性"幽灵"

何卫华:随着16世纪帝国权力的扩张,"东方"和"西方"的接触也进入到实质性阶段,涉及现实的移居、统治和剥削行为。在拯救世界的托词下,帝国权力将世界划分为不同层级,东方则被建构为地位低下的"他者"。这一可谓是愈演愈烈的进程,在马克思看来,是资本追求利润,或者说是资本主义向帝国主义发展这一历史必然的结果,而去殖民性理论家则倾向于将这一历史进程归因于现代性的入侵。类似的理论运思同样体现在后殖民理论之中,去殖民性和后殖民主义之间存在实质性差异吗?

米格诺罗:首先,今天意义上的"西方"和"东方",是15世纪后期和16世纪早期的产物。为了迎合葡萄牙和西班牙的扩张,当时的教皇亚历山大六世(Pope Alexander VI)签署托尔德西里亚斯条约(Treaty of Tordesillas,1494)和萨拉戈萨条约(Treaty of Saragossa,1529)两份协议,将世界划分为"东印度"(Indias Orientales)和"西印度"(Indias Occidentales),这也成为现代/殖民世界、东方和西方的出现以及东方学和西方学的两大支柱性概念。随着基督教及后来欧洲世俗社会的扩张,欧洲成为世界中心,基督教的这一划分世界的方式也不胫而走。而此前,在中世纪基督教观念中,东西方划分是依据当时的世界中心耶路撒冷来确定的。日趋强大的罗马随后逐渐取代君士坦丁堡成为世界中心,正如后者当初取代了耶路撒冷。

因此,你是正确的。在去殖民化理论家看来,东西方的遭遇不是帝国主义的结果,而恰恰是其开端。这也是我们为什么坚持殖民性是现代性的组成部分,而并非其结果。

后殖民性概念和后现代性有谱系上的关联,但去殖民性则要追溯到万隆会议,种族主义和宗教是此次会议的两大议题,去殖民性理念此时同第三世界理念同时诞生。我们正是在这一知识谱系中解读法侬、依附理论、伊朗的阿里·沙里亚蒂(Ali Shari'ati)、更晚近的阿希斯·南迪(Ashis Nandy)和范达娜·席娃(Vandana Shiva)这些思想家,以及殖民性和去殖民性概念。此外,印度、非洲以及加勒比海地区的去殖民性理论家,都将16世纪作为殖民性的参照点,18世纪则被认为是现代性和西方转型和扩张的"第二阶段"。也就是说,后殖民理论家的源头在启蒙运动时期,而去殖民性理论家则追溯文艺复兴这一更早的源头。后殖民理论的"三驾马车"是印度的殖民史、后结构和马克思主义,而去殖民性理论则是将16世纪初以来的美洲史作为历史参照点,其理论目标之一就是要揭示殖民权力矩阵在不同历史时期将世界上各地连接起来的方式及其同西方帝国主义扩张的合谋。对殖民和种族主义的憎恨以及维护世界持久和平的共同目标,让去殖民性理论家走到了一起。

总之,依附理论、解放哲学和解放神学及来自加勒比海的新世界小组(New World Group),都是大西洋地区知识分子对亚非去殖民化进程的回应,这些理论贡献早于后现代性和后殖民性理论。当然,后殖民分析和去殖民性理论也有重合点,两者都会援引法侬的《世界上受苦的人》,所以它们最好被理解为同一框架内两条不同路径。

谢海燕:这一比较性描述非常有启发。通常认为,爱德华·萨义德(Edward Said)的理论构建的主要关注点是重新审视殖民时期的档案及其当代变体。通过揭示所谓"客观知识"背后的政治目的,萨义德致力于解构东西方的二元对立(东方在这种二元对立中则处于劣等的地位)并由此质疑在文化和帝国主义之间的隐含关系。但在我看来,去殖民性理论似乎强调得更多的是认识型或者说是更为内在的思考机制。这能否被视为后殖民主义理论和去殖民性理论的另一差别?

米格诺罗:的确如此。认识型对去殖民性理论而言至关重要,因为本体实质上也是认识型的建构,仅仅停留在经济或政治层面显然不够。资本主义之所以能够成功,是因为其缔造者和支持者能够建构出一整套的知识、认知方式来对其进行合法化,哪怕它已经给人类带来了众多的灾难。要知道,控制知识意味着可以控制主体的生成和改变。

何卫华：如您所言，在欧美缔造自身现代性神话的过程中，众多国家和地区都沦为其受害者，遭受到各种形式的压迫、剥削和殖民。但不知道您是否也留意到，众多前殖民地在独立后纷纷力图复制前宗主国的社会模式，甚至现代性被确立为它们自身的发展目标。像甘地、曼德拉、恩克鲁玛和纳赛尔等第三世界国家领导人，在独立后都将现代性的追求作为重要执政纲领，以便发展经济和改善本国人民的生活条件，尽管有些人以失败告终。因此，这是一个相当复杂的话题。这些年来，通过效仿欧美引入市场经济和其他各种新自由主义手段来刺激经济，一些第三世界国家人民生活水平的确已有所改善。但在另一方面，正如萨米尔·阿明（Samir Amin）所指出，第三世界和第一世界国家间的差距不是在缩小，而是在扩大。而您刚才也提到，殖民性内在于现代性。面对这一现象，又该如何从理论上进行解释？在施行资本主义市场经济的同时，这些发展中国家能否避免现代性黑暗面的再次演绎？

米格诺罗：这个问题很关键，这和前面所说的争夺殖民权力矩阵的控制权相关。虽然我可以援引"有争议的现代性"（contested modernities）来解释这一问题，但我想在这里谈些新的观点。首先得指出，只要追求"现代性"或施行市场经济，殖民性就在所难免。相信现代性应是追求的目标是欧洲所编织的最成功假象，时至今日世界范围内众多人仍对此深信不疑，而去殖民性正要反对这一点。也许有人会反驳说："你应该也不会拒绝高科技成果带来的便捷吧？"的确如此，但我也要反问："这些高科技成果和现代性有必然关联吗？"在这一问题上，也许可以引入阿明在 20 世纪 80 年代提出的"脱钩"（delinking）概念，脱钩就是要摆脱认为经济发展会赋予所有人幸福的那种观念。要知道，财富不断增加的始终是少数人，而大部分人在贫穷的泥沼中则越陷越深。经济增长只是个谎言，这个谎言将殖民性逻辑隐藏在现代性修辞之下。当然，我这里不是要赞同平均主义的财富分配方式，而是指出需要跳脱将增长等同于所有人的财富的思维。要想将生命本身作为终极的追求目标，就必须同现代性的幻象脱钩。

现在存在一股去西方化思潮。一些新经济体虽施行资本主义经济模式，但在政治体制上却坚持自己的选择。去西方化虽可以避免出现单一的全球性帝国主义，但并未解决殖民性问题——保留资本主义也就意味着保留了经济殖民性。世界的巨大变革导致既往的世界划分方式已无法描述全新的世界格局，众多竞争者在世界舞台上的出现造就了当下的多中心资本主义世界体系，"去西方化"进程已开启。20 世纪 70 年代的依附理论就指出，要是对世界货币基金组织和世界银行的指令唯命是从，真正的"发展"就无从谈起。找到适合自己的道路，在经济上独立决策并在谈判中联合起来,这才是"金砖四国"正在引领的去西方化工程。

阿明并没有讨论过去西方化,原因在于他过多地受制于历史发展目的论和左右两派之间的论争。政治和经济领域的去西方化已经成为话题,因为"金砖四国"为我们提供了启示,但宗教等其他领域的去西方化则仍需思考。去西方化的发展,使得世界已演变为一个多中心的体系,同一经济体中有多个不同的决策中心。

何卫华:我完全同意您对当下形式的判断,但新兴经济体的崛起,并不能掩盖这样一个事实:殖民主义并未随着第二次世界大战后"帝国"的崩溃而消失。欧美以自己操控的类似于世界银行之类的跨国机构作为先驱,在全球范围内推行各种形式的新殖民主义。正如我们所了解的,新殖民主义采取的并不是实际的统治和控制,这一新的殖民机制是由资本所编织的强大网络所维持。在当下,新形式的殖民主义更具有隐蔽性,这种"温柔的"渗透方式有时甚至在第三世界国家会受到"礼遇"。这是否意味着既往的反抗殖民主义的方式已过时?

米格诺罗:在去殖民性的视野中,事情刚好相反。在我们看来,殖民并不是由"资本所编织的网络所维持",而恰恰是殖民性所编制的网络在支撑着资本(资本主义)。马克思主义和去殖民性理论的区别也正在于此。马克思和列宁都认可资本主义的历史作用,但对去殖民性理论而言,殖民权力矩阵才是关键,"经济殖民性"只是其领域之一。正是殖民权力矩阵的延续才导致经济殖民性的衍生,在过去的三十年间,经济殖民性已演变为殖民矩阵中的首要领域。第一波殖民主义的终结,但隐藏在现代性修辞背后的殖民性仍在以新的方式继续存在:如美国等地出现的内部殖民主义(internal colonialism)、南美等地出现的无殖民地的帝国主义(以本土精英的合作为基础的新形式帝国主义)等。在这些新形式中,攫取权力后的本土精英取代了先前的殖民者,其所作所为不过是帝国殖民者的翻版而已。因此,帝国主义/殖民主义的终结,并不意味着殖民性的终结。凭借自身的柔韧性,殖民权力矩阵不断演变以适应新形势,第二次世界大战后以世界领袖身份出现的美国就是其重要标志。

总之,15世纪以来的世界史,就是殖民性形成、演化和最终为欧美所把控的历史。当下的去西方化质疑的只是殖民矩阵的控制权,而不是要去超越它。但是,超越、克服和消解殖民性才是去殖民性理论的终极目标。

三、"脱钩"与哈特的《帝国》

何卫华：就目前来看，"中国道路"的确取得了极大成功，尤其在经济领域。但在中国以及其他您提到的国家中，这种您意义上的"去西方化"策略在促进经济进步的同时，所导致的问题也已不容忽略。在一些非洲国家，由于过度开发，对外国市场的严重依赖以及传染性疾病的肆虐，人民的幸福程度在向现代性迈进的征程中不是在提高，而是在倒退。这种种负面的效应，也引起越来越多的学者对进步理念的反思。

米格诺罗：首先，"进步"理念相关于"文明的使命"，虽在19世纪开始流行，但却可以追溯到文艺复兴时期。美国第二次世界大战后从英国手中接过这一理念，"进步"摇身一变为"发展"。据说是杜鲁门在1949年的总统就职演说中引入了"不发达国家"的概念，以便为即将开展的"现代化和发展"工程提供说辞。拉丁美洲是其第一块试验地，紧接着是非洲。非洲的反殖斗争此时正如火如荼，美国此时给予了大力支持，目的就是要取代欧洲的世界领袖地位，以便同苏联相抗衡。但由于1968年在巴黎、布拉格和墨西哥等地的起义，"现代化和发展"这一工程宣告失败。此后，美国改弦更张，开始实施"新自由主义"这一新行动计划。智利是其第一块试验地，于是有了奥古斯托·皮诺切特（Augusto Pinochet）推翻萨尔瓦多·阿连德（Salvador Allende）的事件，紧接着又是阿根廷的豪尔赫·魏地拉（Jorge Videla），玻利维亚的桑契斯（Gonzalo Sanchez de Lozada）和阿根廷的卡洛斯·梅内姆（Carlos Menem）。之后，随着东亚等地经济危机爆发，以新自由主义和华盛顿共识为标志的第二波"发展"工程也拉开序幕。这可被理解为殖民权力矩阵的演变，以便维护西方化这一庞大的工程（被西方自己定义为全球化和现代性）。21世纪初，人们已普遍意识到，"进步"和"发展"是不可能持续的迷梦。在去殖民性理论看来，"进步"和"发展"只是现代性、世界银行、欧盟和美国等的说辞。这一说辞掩盖的是殖民性的逻辑：发展就会涉及占用土地、剥削、对生态环境的破坏等。作为西方文明支柱的"进步"和"发展"理念，是资本主义所推崇的，但这些理念以及资本主义经济和政治体制都正在走向崩溃，一个全球性政治社会也正在形成。这种建立在进步和发展之上的假象，不是以全社会的协作和共同体的和谐为目标，共同体才应成为目标。共同体并不受制于任何抽象的普适性观念，它是多元的，不会将对自己有利的观点强加于其他人。它是通往去殖民性的一扇门，并为多元性凿开通道。中国和东亚国家的去西方化道路,在经济和政治上借鉴西方文明并取得了重大成就,但它们现在也正面临类似问题。但鲜活的非现代(non-modern)生活方式的种子(这里说的是非现代的,而不是前现代的[pre-modern]),在亚洲、非洲、南美、加勒比海和高加索等地区和现代性同时存在,去殖民性极有可能在这些地区发挥作用。总之,"进步"和"发展"不应再被视为终极视域,它们只是蕴涵着殖民性的现代性说辞。

何卫华:在探索有自身特色发展道路的过程中,"脱钩"的冲动应该说广泛地存在于第三世界国家之中。但我非常关心的是,当新自由主义已经成为世界范围内的主导性"情感结构",这种"脱钩"如何才能成为可能?

米格诺罗:这里有几点需指出:首先,新自由主义已破产,其迹象在全世界随处可见:经济危机、应对乏力、日益渐浓的不满情绪、南美不断有人组织起来抗议矿业公司对环境的破坏。其次,不要将新自由主义同市场经济和商品拜物教相混淆。当然,新自由主义有一定作用,其追求小政府,认为政府应以"不可见的手"的形式发挥作用。但新加坡和日本等恰恰都是大政府在主导经济,这正是前面谈到的去西方化,而不是新自由主义。最后,"脱钩"也并不局限在国家层面,期冀国家按人民意愿行事。从国家层面进行去西方化,只是"脱钩"的一种,还有同来自西方的指令、国际货币基金组织和世界银行等被西方控制的机构的"脱钩"。众多迹象表明,新自由主义和华盛顿共识已破产,它们已不再是主导性"情感结构",取而代之的是来自于政治化了的市民社会的失望和愤怒。此外,资本主义并不能被等同为新自由主义,政治化市民社会要否定的是新自由主义,而不是资本主义。这些都不是去殖民性主义者,也不是马克思主义者,而是去西方化主义者。脱钩首先是认识型问题:没有另类的思考,也就无从超越西式思维和情感结构来设计全球未来。去西方化是要同新自由主义的全球设计脱钩,而不是要同资本主义脱钩,这正是新加坡、俄罗斯、巴西和印度时下的道路。经济脱钩是去西方化的一个方面,也可以发生在宗教政治等其他领域。"脱钩"正在全球范围内广泛地出现,并且还将持续下去;但另一方面,强大的重新西方化(rewesternization)力量正在阻止"脱钩"的进程,维持西方对殖民权力矩阵的控制权以及其长期以来的特权。

全方位"脱钩"是构想新的未来图景的前提。当下国际货币基金组织和政府不断改善工作条件和提供工作,让大家生存是为了能更高效地工作;但"脱钩"认为,工作是为了更好生活,生活才应是终极目标。当下情形只是符合少数资本家的利益,而环境恶化却正导致大批民众患病死亡,要知道,自然的生命和人自身的生命唇齿相依。在资本主义国家,银行、跨国公司和资产阶级国家组成稳固的巨型金字塔,以保护少数人利益,而大多数人的生命则在发展的名义下遭受到威胁。当下的媒体为去西方化和重新西方化而鼓噪不已,但却忽略了去殖民性,这也意味着,新闻和教育领域也需要脱钩;只有拒绝既有的知识,才能学会新知识。

谢海燕:这的确是个重要的奋斗目标,但在大多数国家,资本主义被认为是解决经济问题的最有效手段。也许大多发展中国家愿意避免和抵制西方意识形态的影响,但很少愿意放弃资本主义或市场经济来发展经济。例如,当帕沙·查特吉(Partha Chatterjee)讨论印度独立后的印度的发展模式时,就提出过以现代性的名义来对抗现代性的策略。在中国,学者汪晖则用"反现代性的现代性"来描述现代性在中国的出现。批判性地保留,是这两种回应西方现代性方式的相似之处。我们可以将这些路线视为"脱钩"的形式吗? 或者能说这些也是去殖民性的方案吗?

米格诺罗:有三点需澄清。首先,如果将发展视为目标,目前资本主义的确行之有效。但正如前面所谈到的,需要对将发展作为目标保持警觉。其次,在查特吉的论述中,其"现代性"是针对有百年殖民史的印度,这实质上是一种"有争议的现代性"和去西方化。至于去殖民性筹划会不会将现代性作为目标,在我们看来,没有不包含殖民性的现代性。因此,当查特吉强调同"西方的现代性"脱钩,我是赞同的,但我认为现代性的追求无法避免殖民性。最后,汪晖只是在描述中国的去西方化进程,对"新左派"和国家在政治上的差异,他却语焉不详。东亚的去西方化政治实践同去殖民性是有区别的。中国的去西方化,由于其悠久的历史及高效的政府,使其去西方化实践有着自身独有的特点。那么,能否从去殖民性的视角来分析和解释中国的现实政治? 答案是肯定的。事实上,不管是否曾经被殖民过,去殖民性理论都高度相关,我上述的观点实际上就是从去殖民性的角度所进行的分析。去西方化和去殖民性是对殖民性的两种不同的回应方式,中国所进行的去西方化,并没有摆脱殖民性,因此从去殖民性的角度进行思考在中国仍具有现实的意义。去西方性要求同殖民权力矩阵的各个方面脱钩。"脱钩"意味着要想改变,就必须从根本上改变我们对话所援引的术语。"脱钩"在今天正沿着两个不同但互为补充,但有时又是相互冲突的方向进行:去西方化和去殖民性。从根本上来讲,去殖民性是一种认识型上的筹划,有着政治、经济和伦理的意义,但首先需要以全新的方式来思考。中国正在发生的是去西方化,但中国同样存在着去殖民性的土壤。

谢海燕:的确,作为一个全方位的工程,脱钩涉及经济、政治和文化等众多层面。在面对欧美等国家的霸权,众多第三世界国家也开始不断地要求在世界的文化舞台上发出自己的声音。一个典型的事例是,2011 年,"体验中国"的形象宣传片在纽约时代广场上进行了接近一个月时间的播放旨在促进西方世界对中国的了解。这一行为能够被理解为一种从文化上进行脱钩的努力吗?

米格诺罗:这件事情我的确有所了解,但这并不是脱钩。这和法国、德国和美国运用类似手段来提升自身形象的做法如出一辙。差别在于,如果你在中国看到上述国家的宣传片,第一感觉可能会是,这些国家自鸦片战争以来占尽上风。但当类似"体验中国"的宣称片在纽约播放时,是要表明:"我们回来了,我们来到了这里,并将在这里待下去,你们可得习惯我们的存在。"该宣传片是一种广告形式,其传递的信息是,为本国文化做广告不再是西方特权;当然,这也可以对美国民众关于中国的错误形象进行纠偏。尽管我认为这并不是去西方化的举措,但其根源显然是由中国和东南亚国家正出现的去西方化进程。

何卫华:当下世界为新形式的权力结构所控制,这也是去殖民性理论家关注的话题。这一点不免让我想起迈克尔·哈特。哈特曾在《帝国》中指出,帝国就是一种新的主宰着这个世界的政治主体。您怎么理解当下世界的权力结构? 我们应当如何看待哈特的对当下世界构造的理论化?

米格诺罗:这些"新形式的权力结构"实质上只是殖民矩阵的变体,而且当下其控制权已遭到新来者的挑战:有些人仍认同其经济殖民性,但对其控制权进行挑战(去西方化);其他人则试图超越殖民矩阵的根本性原则和信仰系统(去殖民化理论);最后,还有些人试图将该矩阵改头换面或采取其他的举措以延续其控制权(重新西方化)。因此,所谓的"新"不过是权力矩阵的又一翻版而已。在去殖民性理论看来,殖民权力矩阵仍在主导世界,哈特和奈格里的"帝国"不过是其后现代版本。这是基于不同历史的两种解释方式,去殖民性理论参照的是殖民地历史,而"帝国"则是以欧洲史为参照。我们还可以从历史角度来讨论该问题。在 1500 年到 2000 年间,也就是从欧洲文艺复兴到美国的新自由主义,西方文明作为新的文明形式和平发展。通过建立自身的基础设施以及由不同领域(政治、经济、主体性和认识型)相互联系而形成的殖民权力矩阵,欧洲成为西方文明的摇篮,并开始对非欧洲地区殖民。这五百年间,西方帝国主义国家创造、调整、维持和操纵着殖民权力矩阵。但到 2000 年,世界局势风云变化,殖民矩阵的控制权受到来自中国、印度和非洲国家的强有力挑战。也就是说,在这一期间,世界从多中心的和非资本主义的,发展为单一中心的和资本主义的,而 20 世纪末以来的世界则进一步发展为多中心的和资本主义的。

《帝国》对无限增长和历史终结论的坚信,是新自由主义在 2000 年左右的胜利主义情绪的体现,而那时的美国就是"帝国"。只要注意到当时中国等国家的和平发展,我们就会对书中弥漫的洋洋得意和后马克思主义式解读存疑。用殖民性和殖民权力矩阵的语汇来讲,西方将很快无法控制殖民权力矩阵。从罗马帝国一下子跳到欧洲(英、法、德),然后再跳到美国,哈特和奈格里是在迎合欧洲中心主义思想。简言之,《帝国》是欧美(第一世界)从后现代的视角对西方文明的叙述,而殖民权力矩阵则是南美和加勒比海地区(第三世界)以去殖民性为视角对西方文明的叙述。

四、解放与"和谐"的愿景

谢海燕:在 20 世纪 80、90 年代的中国,后结构主义和后现代主义等各种理论流派蜂拥而入。其时的中国刚刚向国外敞开大门,这些理论都在某种意义上将"受压迫者的回归"定位为自己的政治目标。这些由西方舶来的具有独特政治感召性的理论,在当时中国的语境下,很快就得到广大知识分子的欢迎。鉴于去殖民性理论旨趣,可不可以说,"受压迫者的回归"同样也是这一理论建构的政治目标?

米格诺罗:无论有没有理论,"受压迫者"都会归来。如前所言,后现代和后结构主义理论源于欧洲,这也是中国及其他很多地区知识分子会被其幻想所迷惑的原因之一。在西方,对欧洲中心主义的批判,无论是来自右翼还是左翼,实际都无法摆脱其欧洲中心主义色彩,但却在世界上其他地区人们头脑中制造出这些理论具备普世性的幻觉。去殖民性理论家从来就不信这一套,去殖民理论本身就是被压迫者的思想而不是那些欧洲前卫思想家、媒体人士或好莱坞演员在"拯救受压迫者"时的高调。与其说去殖民性理论是在为"受压迫者的回归"而斗争,还不如说其本身就是"受压迫者的回归"的形式,是受压迫者拯救自己的手段。人们常认为,非欧洲的知识分子无法对自身进行理论化,只有欧洲的理论才能帮助他们思考。经济领域有着同样的荒诞剧,不发达国家总认为只有国际货币基金组织和西方的发展理论才能拯救自己。

法侬自己就是"受苦的人",这也是他的写作身份,而不是为世界上"受苦的人"写作。后现代和后结构主义这些时髦理论大行其道,这是法侬遭到冷落的缘由之一,他文字本身就是"受压迫者的回归"。去殖民性理论也是这样为自身定位,不是对属下阶层的理论化,不是要拯救受压迫者,而是要和殖民权力矩阵的压迫性逻辑战斗,我们自己就都是受害者。我最初去法国求学时,时常被蔑称为"南美佬";后来到美国任教,我又被视为低人一等的拉美人。从 1987 年以来,我所有文字中都充斥着受压迫者的愤怒,但这不是为"受压迫者的回归"的战斗。因此,如何跳脱自己陷入殖民权力矩阵之中的意识,也一直是我的迫切任务。苹果手机等高科技产品解决不了此类问题,你需要以全新方式来思考和认识世界,形成以生命为目标的去殖民性视野。很多同性恋、有色人种和女性等都在以"受苦的人"的身份写作,所以不要误以为受压迫者是"他者",并且远在异乡。

何卫华:有趣的是,刚才我们论及的这些理论,在中国很多最开始都是由文学领域的学者译介到中国,并在文学批评中运用。这种充满哲学或政治意味的文学批评很快遭到不少文学研究者的强烈批评,因为他们认为文学和政治、社会学和哲学等学科是完全不同的学科。这种观点在欧美也有代表,如英国的批评家利维斯(F.R.Leavis)就强烈谴责混淆文学和哲学的做法。根据利维斯,文学是具体的,是对敏感性的演绎,而哲学这样的学科和知识只是无聊的化简主义。同时他也反对赋予文学批评过多政治或社会性,认为这样是对批评的背叛。应当如何理解这一现象? 文学研究能从去殖民性理论中获取灵感吗? 如果可以的话,会不会面临同样的指责?

米格诺罗:在进入任何领域之初,总会发现控制该游戏的人已制定好游戏规则,因此,我们一开始就应具备去殖民性的思维方式。如果盲从利维斯,只从自己领域出发对"文学"和"哲学"观念作出的限定,就肯定会迷失方向。去殖民性思想的痛苦就在于,很难跳脱认识型上的殖民性,哲学和文学概念都有浓厚的殖民色彩。因此,不要将它们看做不二法门,并受其局限。面对此类问题时,有时倒需要退一步,对利维斯的运思方式和终极立场进行追问。哲学和文学及其区分都是西方传统的产物,并不具备普适性。在利维斯参照的这一传统中,文学和哲学在文艺复兴之后脱离神学并获得独立,文学被划归为感知美学,而哲学则被划归为理性。利维斯的所作所为,实质上是要重构 18 世纪以来西方思想史中的学科区分。在中国,完全可以不理会这一套。中国有利维斯的追随者毫不令人惊奇,但我更希望中国能出现一股强大的去殖民性思潮,不再一味地挪用和模仿从西方舶来的知识,以粉碎西方"君临天下"的美梦。

去殖民性理论要求对现存建制存疑,并且追问其形成机制,因此去殖民性思想毫无疑问能为文学研究提供灵感。后殖民性并不是新的文本分析方法,而是对文学研究的合法性本身进行质疑的一种态度。从去殖民性角度,可以对一系列的问题进行追问,如:作为学术建制的文学研究出现的时间? 其出现的地点是津巴布韦、玻利维亚、中国亦或是西欧? 出现的缘由是什么? 要知道,今天意义上的"文学"概念出现在 18 世纪,这一概念随着英法世界领袖地位的确立被扩散至全球,这种写作样式很快被殖民地作家用来叙述本土经验。这些问题都可以从去殖民性视角来思考。对去殖民性思想而言,文学也是重要的传播途径。文学在"对思想进行殖民化"中发挥过重大作用,同样也将在"思想的去殖民"中起到应有作用。"去殖民性美学"同样还可以运用于其他艺术类型,因为现代意义上关涉体裁、品味和品评高下的美学标准实际上也都源于欧洲,进而导致现在世界上其他地区也在使用它们进行思考。

谢海燕:您曾指出,去殖民性理论也是一种建构性理论,以自己独有的前瞻性致力于对世界结构进行前景式描述也是其重要理论任务。就此而言,在去殖民性的理论建构中,您认为,应将以生命为目标的文明作为去殖民性工程的终极目标。而且在去殖民性理论看来,不同国家可采取不同的途径来实现本国国民的"解放"。和以往的各种理论构想不一样的是,这一洞见似乎解决了普遍主义和独特性之间的矛盾。一方面,这里的确存在着一个"终极视域",借此可以对各种不同的社会体系进行价值判断;但在另一方面,又没有任何人可以有借口将自身的发展方式强加于其他国家。

米格诺罗:的确,这一描述很好地说明了后殖民性的目标,但需要做些说明。你提到说"不同国家可采取不同途径来实现本国国民的'解放'",但要知道,当下很多资本主义国家已沦为大公司的同谋;而这些公司不是在致力于人民的解放,而是在剥削人民。与其寄希望于这些国家,还不如寄希望于一些跨国性组织。当然已经有联合国、世界银行等世界性组织,但由于殖民权力矩阵,它们的作用有限。这些组织只是应对减少失业率和改善工作条件,而没有质疑当下结构本身的合理性。如果大部分人依赖于一小部分资本家,那么,努力地工作不过是在巩固资本家们的地位。

在世界范围内,对"发展"和"进步"进行质疑的声音不绝于耳。"发展"理念的捍卫者,拼命地反对"和谐"(to live in harmony),因为他们认为"和谐"意味着停滞,将导致创造性、动力和个人的才能得不到认可和补偿。精英统治、成功和出人头地的理念是以个人成功为目标的,这也是当下政府和企业中犯罪频发的缘由。人们采取各种合法或不合法的手段拼命攫取财富,整个社会因此被笼罩在这一死亡的文明之中。但是,和谐并不意味着技术革新的停滞,这种说法同样只是现代性采用的一种说辞。关键的问题是,技术革新的目的应予以明确:技术革新应是着眼于全人类福祉,而不是为了资本主义消费市场。当下,一种共识正慢慢形成,就是说,"和谐"(不仅指社会和谐,还包括人与自然和谐共处)才应是社会前进的目标,而不是所谓的"进步"和"发展"。这应成为共同的视域,可以通过各种不同方法来实现。

何卫华:英国学者雷蒙·威廉斯(Raymond Willams)从社会主义的角度,也提出过类似政治目标。在他的理论建构中,传播和一些形式的大众文化被视为社会进步的源泉。从当下的社会发展现实来看,威廉斯所说的"希望的资源"好像并未产生预期效果。在当下,新形式的传播和大众文化也被调用起来以捍卫资本的利益。那么最后的问题是,对于去殖民性而言,大众文化和传播这些力量能否被动员起来以促进社会的进步?

米格诺罗:我要说的是,任何地方都充斥着斗争,如争夺对殖民权力矩阵的控制权,或试图脱钩的冲动。必须指出的是,在去殖民性的理论图景中,早已剔除"进步"的概念。就对去殖民性的贡献而言,大众文化作出的贡献比以往任何时候都要大,但我并不认为这是对进步进程的推进。如果将去殖民性翻译为进步的话,那实际上是对去殖民性进行殖民化,因为你将其化简为"进步"所代表的那种帝国主义意识形态,而这正是去殖民性所要力图超越的。去殖民性是要同现代性脱钩的关键概念,而"进步"却是支持这些思维范式的重要概念。对威廉斯而言,一位英国人,也是一位欧洲人,倚重"进步"概念再自然不过。但在去殖民性理论中,这并不是一个重要概念,因为去殖民性理论欲求的是"解放"。当然,在解放和去殖民性的同时,大众文化也可以通过塑造和培养殖民主体来实现对殖民性的复制。什么都不是绝对的,意识是最重要的,也就是你秉持的立场到底是什么。

马克思、启蒙思想与生态批判[*]

【美】约翰·贝拉米·福斯特　【美】萨莎·利利

2004 年 2 月 23 日,围绕马克思主义生态学理论,萨莎·利利在美国太平洋广播电台"格格不入"(Against the Grain)节目中对约翰·贝拉米·福斯特进行了访谈。2011 年,本访谈收入《资本及其不满者:与混乱时代的激进思想家们对话》一书,并有所扩充和修改。福斯特阐明了马克思与启蒙运动之间的辩证关系,指出马克思坚持唯物主义、反对目的论的理论特征,以及马克思主义通过代谢断裂、异化(包括劳动的异化和自然的异化)、反对马尔萨斯人口理论等分析工具来探讨生态问题的独特视角。福斯特认为,环境恶化和环境正义与社会正义问题紧密联系在一起。

一、对启蒙运动的绿色批判

利利:启蒙运动是 17 世纪欧洲科学思想的顶点,此后的环境破坏至少部分归咎于它,这已经成为激进环境主义的公理。你能否描述一下启蒙运动绿色批判的根源以及你对它的评价?

福斯特:启蒙运动的绿色批判主张,作为 17 世纪科学革命和启蒙运动的后果,一种新的机械论世界观得以形成,它致力于征服自然。以前自然被视为人类生存总体上与之一致的领域,现在突然成了某种被控制、甚至被奴役的东西。这

---

* 约翰·贝拉米·福斯特(John Bellamy Foster),时任美国俄勒冈大学社会学教授,《每月评论》杂志主编。萨莎·利利(Sasha Lilley),美国作家、记者。中文版经福斯特教授授权发表。译者:赵庆杰,时任中国政法大学马克思主义学院副教授;刘曙辉,时任中国社会科学院哲学所副研究员。

是绿色批判的精髓。卡洛琳·麦茜特(Carolyn Merchant)等一些重要人物提出这种观点,并且认为,随着自然被降级,妇女也丧失了地位。

这几乎已经成为绿色理论的自明之理。但是,如果你回到17世纪的科学革命,看看培根这样的人物以及他帮助激发的科学发展,就会发现,事实上这是一个更复杂的故事,因为尽管征服自然的观念起源于此时的科学,但是你也会看到出现了可持续观念。虽然人可以同自然分离开来,可能控制自然,但是他们也得注意自然法则。自然具有明确的法则,这一观念比以前受到更严肃的对待。在培根身上,两种趋势都得以展现。他在隐喻的意义上提及控制自然,但是他说我们只能通过遵守自然法则来控制自然;在人不遵守自然法则的地方,他们会给自然环境造成大的破坏。因此,在看到控制自然观点开始的同时,你也看到保护的开始——有时候正是在同一个人身上。

启蒙运动本身提倡理性和科学,反对从信仰的角度来看自然和社会。17、18世纪的科学家在取向上主要是唯物主义,与目的论观点相冲突,后者认为宇宙具有某种由上帝规定的目的。当时进化观念虽然还没有完全出现,但是,启蒙运动唯物主义者把自然视为在某些方面是自我决定的,主张它们不必寻求外在于自然的终极原因。这在以前基于信仰的世界中敲出一个不和谐的音符。

培根是这一取向变化背后最重要的思想家,当然也包括笛卡尔和伽桑狄。他们是从哲学上激发科学革命的主要人物,大多是唯物主义的取向——特别是培根和伽桑狄。因此我的观点是,绝对地把科学革命和启蒙运动唯物主义视为反生态的,绿色理论家通常是把婴儿和洗澡水一起倒掉。

利利:启蒙运动因回应中世纪基督教的亚里士多德主义世界观而出现,后者在中世纪占主导地位,把自然视为不变的,为了某个目的被创造出来。这种经院主义观点的基本假设是什么?启蒙运动思想家如何挑战它?

福斯特:亚里士多德的方法给予目的论、终极原因的观念和自然中出现的一切事物背后的上帝以很大的重要性。在中世纪基督教中,这一目的论视角被赋予的重要性要大于亚里士多德本人。在我看来,目的论是指这样一种观点,自然是有目的的,发生的事情是以某种方式被计划的,或者背后有某种神的意图,对宇宙存在着一种命令。

这种目的论观点与亚里士多德相联系,更与中世纪经院哲学相联系,17、18世纪自然神学把它吸收过来并加以改造,通过发现上帝在自然中的作用的证据,试图调和科学与宗教。18世纪伟大的哲学家和科学家威廉·佩利把宇宙看作一块手表,手表是当时最高的技术。他说,如果你在地上看到一块手表,你会意识到它是被制造的,它背后有技巧。如果你看到自然中不同的创造物,这也同样正确;自然太复杂而不是意外或偶然性的产物。它必定是由神的目的创造的,因此是由设计者创造的。它必定是目的论的。在这种观点中,上帝是自然中每个事物的原因——这可以通过理性和观察来表明。但是,随着唯物主义观点的发展,17世纪科学革命的主要推力是摆脱这种观点。

牛顿和波义耳等思想家试图把上帝重新带入与自然神学一致的图画,即目的论的自然观,但是事实上他们的科学受到唯物主义的强烈影响。唯物主义意味着拒斥目的论观点,拒斥上帝统治自然中的事物的观点,或者,你必须求助于终极原因来解释自然中的事物,而不能按它自身的方式理解自然。在这个意义上,唯物主义和自然主义实际上是指同一样东西。唯物主义者会把自然世界中的一切看成来自自身的发展并受限于物质和运动的法则,而不需要某种神的解释。这正是当时物质的难题。

利利:启蒙运动的理性主义把人从世界的中心——作为基督教学说中伟大的存在之链中的特殊创造物——移开,将自然重新放回中心。

福斯特:是的,正是如此。当出现了培根和伽桑狄,他们不仅推翻了亚里士多德,而且他们回到其他古希腊思想家,特别是古希腊唯物主义者,最值得注意的是伊壁鸠鲁。物质可以用原子来理解,伊壁鸠鲁是这一观念的创始人之一。伊壁鸠鲁曾说,没有一件事物来自于无,被摧毁的东西不能被化约为无。这是保护的基本原则——一个物质既不能被创造,也不能被摧毁。

伊壁鸠鲁在亚里士多德之后写作,大概在公元前3世纪。为了反抗中世纪哲学更多地依赖于亚里士多德和唯心主义传统,17、18世纪的哲学家和科学家回到古希腊唯物主义,其中一个方式是他们把启蒙运动的全部理念视为完全带来光明。这种观念与古希腊普罗米修斯的神话相连,普罗米修斯是一个巨人或原始的神,他把火带给人类。他带来光明和理性,以至于人类可以根据理性改造世界。启蒙观念正是来源于此。它象征现在世界服从人的行为和理性,服从来自自然的原则,而不再是神的职责。

二、马克思与启蒙运动的辩证关系

利利:普罗米修斯让人想起马克思。伊壁鸠鲁如何影响了马克思的思想?

福斯特：马克思把伊壁鸠鲁称为"古代的启蒙人物"，把他与普罗米修斯作对比。这样强调伊壁鸠鲁似乎是奇怪的，因为人们普遍没有听说过他，现在的哲学课程不讲伊壁鸠鲁。但是，在17世纪科学革命和启蒙运动的时候，人们重新发现了伊壁鸠鲁。实际上，伊壁鸠鲁的哲学是所有古代哲学中最普遍存在的。尽管我们现在更多地听说柏拉图和亚里士多德，但是在古代世界，伊壁鸠鲁主义者比柏拉图和亚里士多德的追随者更常见。

伊壁鸠鲁哲学有许多重要的特征，比如，将伦理学和物理学结合在一起，等等。他最著名的一句名言是："死亡对于我们什么也不是。"他说这句话的意思是，一旦你的情感没有了，你就不能经历死亡。换句话说，我们与世界的整个关系是物质的，通过感觉来完成。

伊壁鸠鲁很明确地反对目的论观点；他抨击神统治人类社会和自然世界这一观点。他为诸神留有一席之地，但把它们置于与历史世界或自然世界没有任何关系的世界之间的空隙。他反对所有形式的机械论和决定论。他强调偶然性、人类自由和"友谊"是调整人类社会最重要的东西。他引入了社会契约概念和许多社会学观念，包括人类社会发展的观点。但是，他最有名的观念是"转向"的观念。他主张，原子会直线下降，但是因为某种原因，它们会以某种预料之外的方式发生轻微转向，这实际上几乎成为偶然性的隐喻。虽然没有什么东西可以预测，但可以历史地来理解。他把这一点带入伦理领域，说存在人类自由的成分，不管我们的世界和历史似乎在多大程度上被决定，偶然性总是存在——这意味着总是有自由的领域。

马克思对伊壁鸠鲁十分感兴趣。从我们已有的记录看，伊壁鸠鲁是马克思提及的第一个哲学家，他最后以伊壁鸠鲁的唯物主义作为博士论文。我认为这在帮助马克思自己处理思想中唯心主义和黑格尔的影响时十分重要。但是，它也成为进入生态思考的一条路线，因为来自伊壁鸠鲁的深层唯物主义对于西方科学观和（允许可持续观念的）自然观也是重要的。在伊壁鸠鲁身上，你已经注意到一种原始革命的自然方法，虽然它不是像达尔文的那种发达革命理论，但显然也是一种具有革命性的观点。

我们可以从马克思对伊壁鸠鲁的反应中看出他与启蒙运动复杂的辩证关系。当马克思在《神圣家族》中写到启蒙运动唯物主义的发展时，讨论了培根、霍布斯、伽桑狄、洛克和法国唯物主义者等人物，启蒙的唯物主义是通过这些人而从伊壁鸠鲁所代表的古代传统中发展而来的。当然，强调启蒙理性与几千年前古希腊唯物主义的关系，这并不意味着马克思对启蒙运动本身不抱批判的态度。他把它大体上理解成资产阶级的发展。但是,他坚持唯物主义的自然观及其推动的人类历史观,认为这一点对于理性科学和社会主义的发展十分重要。

利利:*伊壁鸠鲁也影响了达尔文。*

福斯特:是的。培根深受伊壁鸠鲁的影响,达尔文从培根那里得到一些反目的论的观点。马克思也是培根和伊壁鸠鲁的忠实读者。年轻马克思和年轻达尔文在很多年里都引用了培根最著名的论断:终极原因不产生任何其他事物。他们十分明确,自然世界是变化的,如我们现在所说的是演化的,这必须用物质术语来解释。伊壁鸠鲁在很多方面有助于表达在唯物主义传统中得到贯彻的问题。

伊壁鸠鲁也被认为是宗教的大敌。作为一千多年来最大的异端,他被视为基督教最大的敌人。当然,这对于马克思不一定是件坏事!

三、马克思与生态问题

利利:*宽泛地说,马克思和恩格斯在多大程度上意识到环境及其破坏,即我们现在所称的"生态问题"?*

福斯特:十分清醒。我最先对马克思的环境思想感兴趣,是通过看他在 19 世纪 60、70 年代所写的关于环境的东西。正是在试图理解为什么马克思能够如此深入地洞察生态的过程中,我回到他的思想在唯物主义传统中的根源,回到他的唯物主义自然观,他通过伊壁鸠鲁和当时的科学得出这一自然观。这种唯物主义自然观为他提供了一种系统的观点,将他引到核心的生态问题。

但是,最重要的是他自己对生态的直接讨论。特别是当你看到他写 18 世纪土壤危机的时候,直接讨论出现了。在欧洲和美国,最大的——比森林的损失等问题更大的——生态问题是土壤的破坏。从 1840 年尤斯图斯·冯·李比希(Justus Von Liebig)撰写伟大的农业科学著作开始,他们发现,随着资本主义系统农业的发展,土壤中重要的化学物质(例如磷、钾、特别是氮)与食物和天然纤维一起从农场运到城市,随后在城市中以人和动物的废料为形式变成废物——这当然严重地阻塞和污染了城市。养分没有带回土壤。

通过阅读李比希的作品,马克思了解到这个情况,这当然是当时最大的生态危机,每个人都在一定程度上对它有所了解。英国农场主处理土壤养分丢失的一个方式是从欧洲进口骨头。他们从拿破仑战场和欧洲地下墓穴拿走骨头,然后用它们给土壤施肥。但是,另一种处理方式是从秘鲁进口鸟粪,秘鲁垄断了优质鸟粪。他们发现,秘鲁海岸边的岛上的鸟粪是最好的天然肥料——富含氮和磷。他们开始从秘鲁大规模进口这种鸟粪,整条船都是鸟粪。他们同时拥有许多来自不同国家的船只来装鸟粪,来自中国的劳动力和苦力,在马克思描述为"比奴隶制还糟糕的"条件下从事工作,因为挖鸟粪并装上船非常恐怖。

1856 年,美国通过了鸟粪岛法案,美国往全世界派船寻找鸟粪岛。他们实际上占领了约 90 个有鸟粪的岛屿、岩石和暗礁——美国迄今仍然占有其中一些——因为它们有鸟粪。然而,控制秘鲁鸟粪贸易的英国人事实上垄断鸟粪。

发生的事情是:把养分从农场运到城市,养分循环失败意味着系统地使土地变得贫瘠。在研究了李比希之后,马克思援引新陈代谢观念来处理这个问题,当时新陈代谢作为生物学和化学中的一个概念而出现。他说,人与土壤之间存在一种新陈代谢关系。作为资本主义城乡极端分离的产物,代谢断裂得以产生。土壤养分循环的断裂意味着的"土壤的组成成分"被运至百里之外、甚至千里之外的城市,这些基本的化学成分在那里以污染结束,破坏了城市的环境,而没有回到被抢走这些养分的土壤。这是一个严重的生态问题,任何一个想要可持续的社会都必须超越这个问题。

马克思以非常现代的术语谈论可持续的需要。他说,我们需要为后代保护环境,这正是我们现在谈论可持续性的方式。他说土壤必须修复,但是你能修复事物的唯一方式,你能扭转形势的唯一方式,就是克服人与土地的异化。

利利:很多人熟悉马克思的异化理论,当异化与劳动相关的时候:即,在阶级社会,工人与他们所做的劳动分离,把它视为与自己相分离。但是,我猜测很少人意识到马克思也把异化概念运用到我们与自然的关系。

福斯特:对。当你看 19 世纪 40 年代马克思的经济学哲学手稿时,这可以看出来。大多数人熟悉的是他关于劳动异化的部分,这一部分是《1844 年经济学哲学手稿》的核心。他谈论劳动如何与劳动过程异化。

但是,论据还有另一个部分,对于马克思而言,这个部分与关于劳动异化的论据确实不可分离,在整部手稿中你都可以找到这个部分,包括关于劳动异化的部分。马克思主张人也与自然异化。对于他而言,这是同一事物的两个方面。为了产生现代意义上的劳动阶级,马克思称之为无产阶级,与土地分离是一个前提条件。除了通过出售劳动,无产阶级没有生存方式——他们不能获得生产手段,所以他们只能通过为工资劳作和出售劳动才能生存。对于马克思而言,无产阶级的问题与人离开土地的问题不可分离,这是与自然的极端异化。因此,在整部手稿中,他谈到人与土地、自然的异化作为资本主义制度下劳动异化的前提,这在后来的《政治经济学批判大纲》中更为体系化。在《资本论》中,他把劳动过程本身定义为人们展开自然与社会之间新陈代谢关系的过程。换句话说,劳动是人为了社会来改造自然的方式,他把它视为一个新陈代谢过程。因此,人与自然的任何一种分离、异化或极端异化都产生了一种根本的矛盾。

在这部经济学哲学手稿中,马克思讨论了大工业城市的污染。他提及以下事实,工厂工人被剥夺了光和水——他们被剥夺了自然的生存手段。在讨论马克思的异化概念时,自然异化的观点构成他许多分析的基础,但是没有受到重视。这在某种程度上是奇怪的。如果你回到马克思早期的政治经济学著作,他关注德国林木盗窃等问题。这是他在写经济学哲学手稿之前处理的最早的政治经济学问题之一。他从一开始就关注以下问题:当农民与土地分离开来、被阻断自然的生存手段时到底发生了什么? 对于马克思而言,与自然的异化同与劳动的异化不可分离。马克思说人属于自然,是自然的一部分,把二者分离的社会是一个扭曲的社会。后来,在《资本论》中,他以代谢断裂的方式谈到人与自然的异化,结合当时的一些科学理解,使这些问题更具体。但是,他的作品中从一开始就有这个主题。

利利:然而,一些理论家主张,马克思提出异化理论是在早年,即在他还没有抛弃黑格尔的复杂影响的时期,而后来他抛弃了这种观念。

福斯特:是的,阿尔都塞提倡这种观点。这对我来说很奇怪,因为马克思在全部作品中由始至终都写到异化。他在《1844 年经济学哲学手稿》中非常强调异化,但是在 19 世纪 50 年代《政治经济学批判大纲》中同样非常宽泛地讨论异化。他在《资本论》中多处谈到异化,尽管这一用法不是他表达的主要方式。即使在 1881 年,在他生命的最后两年里,他在《评阿·瓦格纳的〈政治经济学教科书〉》中仍然提到异化。

因此,异化这个主题贯穿他整个著作。他从没有抛弃这一观念。这是有趣的——许多人知道他在提出这些观念时受到费尔巴哈的影响。费尔巴哈读过马克思的《资本论》,识别出自己的影响和自己对异化的强调——甚至识别出环境方面的论据。

利利:马克思关于自然的许多想法得以形成,是为了回应 19 世纪新教牧师托马斯·马尔萨斯(Thomas Malthus)的观点,马尔萨斯本人对当今环境思想具有重要的但不幸的影响。许多人听说过马尔萨斯者这个术语,它与人口增长理论相关。马尔萨斯的论据是什么?马克思对它的批判是什么?

福斯特:很难解释马尔萨斯的论据,因为如此多的人是以某种特定的方式听说他,但从没有读过马尔萨斯,多年来人们以一种非常扭曲的方式来呈现他。人们所知道的是马尔萨斯说人口成几何级数增长,而食物供应倾向于成算术级数增长。因此,本质上你拥有一种指数的人口增长,一种较弱的、增量的食物供应增长。但是,他是作为趋势来谈论这些东西,他实际的模型是均衡模型。马尔萨斯认为人口从未真正地增长,或者几乎不能说比食物供应增长得快,因为他主张人口总是受到食物供应的限制。当食物缺乏或耗尽,人口增长很快就会转向反面。

马尔萨斯说,在充足的食物供应阶段,死亡率下降,人口往往增长得快,因为人们有更多的孩子。然而,随着人口的大幅增长,食物供应不能维持,不久就会不足。自然限制开始起作用。因为食物短缺而引起的不断增长的婴儿死亡率和饥饿范围会把人口限制在曾经的食物供应的增长水平。在很短的时间内,人口增长率会被拖回长期的食物供应增长率。因此,在他看来,真正的问题是食物供应不可能增长得足够快。然而,他从未真正解释为什么食物供应的增长会如此受限——尽管在他关于土壤和有限的土地供应中你能找到他对自然人口出生率程度的一些宽泛的假设。他只是宣称,食物供应不可能迅速扩张。如马克思所说,他假设人往往成倍地增长,但是自然中的其他事物或者构成人类食物供应的那一部分不可能成倍地增长。

马尔萨斯从未使用人口过度或人口过剩这些术语,他甚至说这类用法事实上不准确。他并没有就整个地球来论证,而主要是就英国而言,即就一种有限的情境而言。整个论据事实上与生态无关。例如,马尔萨斯认为,除了食物,其他物质资源没有限制。除了抽象的理查德收益理论(这一理论强调,随着更贫瘠的土地被带入耕种,自然土壤肥力受到限制,边际回报降低),马尔萨斯从未讨论农业生产力的问题。马尔萨斯不是要做出一个生态论据,而是要证明资本主义社会的阶级结构,通过主张一部分人口保持贫穷是必要的——桌子上只有这么多位置。如果你想拥有福利法,或者他们那时所讲的恤贫法,试图对穷人重新分配财富,那么你所做的就是降低社会福祉水平。因此,他主张必须有一群人总是处于饿死的边缘,而其他人是富裕的,这有助于维持社会的均衡。这纯粹是一个经济和阶级的论据。

直到 20 世纪 40 年代才有人真正用生态学的术语来呈现马尔萨斯。在绿色革命的时期,他们需要一种意识形态来支持第三世界中农业综合企业的扩张,他们不能够再使用优生学,优生学因为纳粹德国已经失宠。因此,马尔萨斯被复活为一个环境主义者,但是以前从没有人真正以那种方式对待他。

就马克思而言,马尔萨斯是社会不公正地位的阶级辩护者。例如,马尔萨斯主张,在一位母亲带着私生子的情形中,社会不应该为她或孩子做任何事情,只是让他们饿死。同样,他建议,在讨论爱尔兰穷人的时候,当局应该拆毁他们的棚屋,因为如果他们没有房子,他们的繁衍就不会那么有效。

利利:显然显示出伟大基督徒的同情。

福斯特:是的,马克思抱怨伪装成新教牧师(像马尔萨斯)的同情的残酷。从马克思的观点看,马尔萨斯是穷人的敌人,这是主要的批评。马克思认为食物问题在本性上是历史的。他认为农业处于危机之中,它没有像它所应该的那样增长。他聚焦于试图理解为什么存在土壤问题的理由,并把它视为资本主义常见的可持续性危机。他因而计划出一种完全不同于马尔萨斯的方法,这种方法真正认真地把农业问题和生态问题当成历史问题。

四、对马克思和马克思主义的绿色批判

利利:让我们转向对马克思和马克思主义的绿色批判。环境主义思想家把马克思描述成这样一个人,他相信社会主义意味着绝对的丰富,发展没有自然限制,犹如马尔萨斯的一种颠倒形式。你认为对马克思的这种评价在多大程度上是公平的?

福斯特:如果你看过马克思在《资本论》中所写的东西,在他对社会主义最明确的讨论中,他说直接生产者调整自然与社会的新陈代谢关系是必要的,那么你会发现关于这一点他写了很多东西。有农业问题、生态问题、可持续性问题,这些问题只能由试图有意识地在工人自身引导的人类自由情境下调整他们与自然的关系的人来处理。从事这一工作的人,即有希望来控制社会的人,必须以一种可持续的方式调节与自然的关系。他对这一点很明确。这不是一个植根于某种自动富足或否定生态问题的论据。

但是,马克思还有其他方面。在《共产党宣言》中,每个人都知道他如何描述资本主义体制下的工业化。他不是工业的敌人。因此,他并不抱有以下观点:

社会中的每样东西,即整个社会,都应该回到自然,如一些深层生态学家所做的那样。他的观点是,可持续性意味着建立在过去之上,同时创立新的社会和生态关系。

深层生态学家和绿色理论家一般都对马克思有某种特殊的批评:他们称他为"普罗米修斯主义者"。但是,他们所指的意思不同于这个术语对于马克思和启蒙运动的意思——带给人类光明。现在,普罗米修斯被视为在动力的意义上带来火——煤和炼钢炉等等——的形象。而火是作为能源和技术发展的观念出现的。马克思被视为极端的机械论者,不关注自然的机器和工业的绝对推进者。当然,他所写的关于可持续性和生态危机的东西都证明这些看法是错误的。

利利:认为马克思是机械论的普罗米修斯主义者,这一观点是如何形成的?

福斯特:在马克思主义传统内发生了一件事,刚好在马克思逝世后,许多思想家在一定程度上发展了他的生态观点,例如倍倍尔、考茨基、列宁、特别是布哈林。这些观点在当时非常有名。但是,在20世纪30年代,马克思的生态观被扼杀了两回。一次是苏联斯大林主义的兴起,基本上扼杀了生态观点。实际上,当时世界上许多顶尖的生态学家是在苏联,使得苏联20世纪20年代生态科学发展迅速,例如尼古拉·瓦维洛夫(Nikolai Vavilov)发现了种质的起源。但是,20世纪30年代,苏联开始朝着非常反生态的方向发展,以一种极端的工业化方式没收农民的土地。因此,它们是非常反生态的,马克思思想的生态方面逐渐消失。

但是,西方马克思主义也以完全不同的方式远离任何一种有意义的生态批判。西方马克思主义变得非常反实证主义,在很多情形中变成一种反科学的观点,刻板地区分科学与社会。在卢卡奇、科尔施和葛兰西的作品中,在法兰克福学派的作品中,西方马克思主义者往往聚焦于历史科学和人文科学,并取消科学,他们认为科学本性上是机械论的或实证主义的,辩证法只适用于人类社会,而不适用于自然,西方马克思主义者因而在自然与社会之间竖起一堵防火墙。自然只是自然科学的领域,是机械论的领域,它以不同的方式运行。

与自然相对,社会被视为辩证的领域,因此将实证主义的、科学主义的观点应用于社会关系的任何尝试都是错误的。事实上,批判理论等同于反对实证主义的科学原则侵入社会科学。毫无疑问,这种批判是重要的。但结果是,马克思主义者和批判思想家认为自然科学——更重要的是人与自然的关系——成了不重要的问题。

　　诚然，法兰克福学派——例如《启蒙辩证法》中的霍尔海默和阿多诺——有时候也讨论控制自然。但是，人们几乎总是从弗洛伊德的透镜中看待自然，把它视为一种人性，总是缺乏处理外部自然的真正的生态知识。马克思和经典马克思主义处理人与自然的关系和自然科学的方面不受重视，很少有人阅读。唯物主义让步于唯心主义，甚至在马克思主义的传统内部。虽然西方马克思主义者讨论唯物主义历史观，但是他们中的大多数人却不知道马克思和恩格斯也认同唯物主义自然观这一事实。恩格斯的《自然辩证法》被视为马克思主义感染实证主义和普罗米修斯主义病毒的一个例子，并遭到忽视。

　　马克思主义花了很长时间捣毁这一防火墙，恢复马克思思想完全的辩证实在论。没有这一点，当然就没有经典马克思主义生态批判的复兴，尽管它在我们时代极为重要。

　　利利：马克思生态观给予我们的而主流环境主义理论没有给予的东西是什么？为什么我们应该关注这个19世纪的思想家是否意识到环境的重要性？

　　福斯特：我认为这是一个至关重要的问题。我给出的答案是，马克思认为，社会面对的问题都是一个问题——它们与资本主义制度有关，与生产方式有关。马克思生态学的价值以及它给当局提出的告诫是，它告诉你，这些事情是制度的问题；它们与整个社会阶级的体系、极端的城乡两极分化和劳动的异化有关，其中劳动的异化也是自然的异化。它告诉你，为了以一种严肃认真的方式处理这些问题，你不得不处理整个资本主义的结构及其超越。

　　当然，这与我们时代的思想意识相悖，不仅在当局内部，而且在绿色思想内部。因为许多绿色思想说我们只需要改变意识，我们只需要不同地思考，我们只需要再循环、改变行为、拥有一种新的哲学，等等。但是，马克思告诉我们，就代谢断裂而言，就可持续性和协同进化而言，我们必须讨论我们生活制度的本性，环境恶化的问题始终与环境正义和社会正义问题密切相关。

责任编辑:洪　琼

图书在版编目(CIP)数据

全球化·政治哲学·马克思主义/李义天 编. —北京:人民出版社,2019.10
(法哲学学术译丛)
ISBN 978－7－01－021114－5

Ⅰ.①全…　Ⅱ.①李…　Ⅲ.①全球化-研究②政治哲学-研究③马克思主义-
研究　Ⅳ.①C913②D0-02③A81

中国版本图书馆 CIP 数据核字(2019)第 158760 号

全球化·政治哲学·马克思主义
QUANQIUHUA ZHENGZHIZHEXUE MAKESIZHUYI

李义天　编

人民出版社 出版发行
(100706　北京市东城区隆福寺街 99 号)

北京中科印刷有限公司印刷　新华书店经销

2019 年 10 月第 1 版　2019 年 10 月北京第 1 次印刷
开本:710 毫米×1000 毫米 1/16　印张:12
字数:220 千字

ISBN 978－7－01－021114－5　定价:54.00 元

邮购地址 100706　北京市东城区隆福寺街 99 号
人民东方图书销售中心　电话 (010)65250042　65289539